WIDMUNG

EINFÜHRUNG

Widmung

An alle, die sich in den Wellen des Wandels bewegen, die die generative KI mit sich bringt.

Dieses Buch ist Ihnen gewidmet - den Führungskräften, den Mitarbeitern, den Innovatoren und den Träumern. Denjenigen, die sich am Scheideweg eines sich schnell entwickelnden Arbeitsplatzes befinden und sich mit den tiefgreifenden Auswirkungen der generativen KI auseinandersetzen. Denjenigen, die die Normen neu definieren, die Kultur umgestalten und neu festlegen, was es bedeutet, in einer Ära beispiellosen technologischen Fortschritts zu arbeiten.

Ihre Widerstandsfähigkeit, Anpassungsfähigkeit und Bereitschaft, sich auf das Unbekannte einzulassen, sind die treibenden Kräfte hinter dem Wandel unserer Arbeitswelt. Möge dieses Buch Ihnen Orientierung, Einsicht und Ermutigung bieten, wenn Sie neue Wege bei der Schaffung integrativer, dynamischer und zukunftsorientierter Arbeitsplätze beschreiten.

Ihr Weg prägt die Zukunft der Arbeit, und mit großem Respekt und Bewunderung widmen wir Ihnen diese Untersuchung.

Einführung

Auf den ersten Seiten von "The Future of Work Now" (Die Zukunft der Arbeit jetzt) legen wir den Grundstein für eine tiefgreifende Erforschung von zwei der wichtigsten Elemente, die den heutigen Arbeitsplatz umgestalten: generative KI und hybride Arbeitsmodelle. Das zentrale Thema dieses Buches ist das Verständnis dafür, wie diese revolutionären Kräfte nicht nur die aktuelle Arbeitslandschaft beeinflussen, sondern auch die Konturen unserer beruflichen Zukunft entwerfen.

Generative KI, eine bahnbrechende Facette der modernen Technologie, verändert die Struktur der Arbeitsabläufe und Interaktionen. Ihr Einfluss geht weit über die Automatisierung von Routineaufgaben hinaus und erstreckt sich auf strategische Entscheidungen, kreative Prozesse und die Umgestaltung der in der heutigen Arbeitswelt erforderlichen Fähigkeiten. In der Zwischenzeit hat sich das Konzept der hybriden Arbeitsmodelle - eine Mischung aus Telearbeit und Büroarbeit - aus dem Bereich der Notwendigkeit und des Experimentierens heraus entwickelt und ist zu einem Eckpfeiler moderner Unternehmensstrategien geworden. Dieser Wandel, der durch die globalen Umstände beschleunigt wurde, ist nicht nur eine vorübergehende Anpassung, sondern eine Neudefinition des traditionellen Arbeitsplatzes.

Der Grund für die Beschäftigung mit diesen Themen liegt auf der Hand: Wir befinden uns an einem entscheidenden Punkt in der Geschichte der Arbeit. Die Konvergenz fortschrittlicher KI-Technologien mit sich weiterentwickelnden Arbeitspraktiken stellt einen bedeutenden Sprung nach vorn dar, der ein immenses Potenzial, aber auch komplexe Herausforderungen mit sich bringt. Mit diesem Buch wollen wir diese Elemente aufschlüsseln und einen umfassenden Blick auf ihre Auswirkungen, Möglichkeiten und Herausforderungen bieten.

Unsere Untersuchung ist nicht nur akademisch, sondern auch ein praktischer Leitfaden für das Navigieren in diesem neuen Terrain.

Wir laden die Leserinnen und Leser ein, mit uns die Schichten dieses Wandels aufzudecken, seine Nuancen zu verstehen und sich auf seine Auswirkungen vorzubereiten. Diese Reise ist für jeden, der heute in der Arbeitswelt tätig ist oder dies für die Zukunft plant, von entscheidender Bedeutung, da sie ein Verständnis dafür schafft, wie wir uns anpassen, gedeihen und das Potenzial dieser monumentalen Veränderungen in der Arbeitswelt nutzen können.

In der sich ständig weiterentwickelnden Landschaft des modernen Arbeitsplatzes erweist sich die generative KI als eine transformative Kraft. In diesem Abschnitt der Einführung wird kurz auf das Konzept der generativen KI eingegangen. Dabei handelt es sich um eine Art der künstlichen Intelligenz, die über die Datenanalyse hinausgeht und tatsächlich neue Inhalte, Ideen und Lösungen generiert. Ihr wachsender Einfluss ist in verschiedenen Sektoren zu spüren und verändert die Art und Weise, wie Unternehmen arbeiten, innovieren und konkurrieren, grundlegend.

Generative KI ist nicht nur ein technologischer Fortschritt, sondern stellt einen Paradigmenwechsel bei den Fähigkeiten von Maschinen dar. In Bereichen, die von Marketing und Design bis hin zu Forschung und Entwicklung reichen, ermöglicht diese Technologie ein bisher unerreichtes Maß an Kreativität und Effizienz. Die Anwendungen sind vielfältig - von der Erstellung realistischer Bilder und Texte bis hin zu Vorschlägen für komplexe Problemlösungsstrategien und der Erstellung von Vorhersagemodellen.

Die Bedeutung des Verständnisses der Rolle der KI am modernen Arbeitsplatz kann gar nicht hoch genug eingeschätzt werden. Da wir an der Schwelle zu dieser KI-Revolution stehen, ist es entscheidend, nicht nur ihr Potenzial, sondern auch die damit verbundenen Herausforderungen zu verstehen. Für Unternehmen und Fachleute ist ein Verständnis der generativen KI unerlässlich, um relevant und wettbewerbsfähig zu bleiben. Diese Technologie definiert Berufsrollen neu, formt die Qualifikationsanforderungen um und setzt neue Maßstäbe für Innovation und Produktivität.

In diesem Zusammenhang ist es unser Ziel, generative KI zu entmystifizieren und ihre tiefgreifenden Auswirkungen auf den Arbeitsplatz zu untersuchen. Es geht darum, sich auf eine Zukunft vorzubereiten, in der KI ein integraler Bestandteil des Arbeitsumfelds ist und die Art und Weise beeinflusst, wie wir über unsere Arbeit denken und sie angehen.

Neben dem Aufstieg der generativen KI ist ein weiterer bedeutender Wandel am Arbeitsplatz die Verlagerung hin zu hybriden Arbeitsmodellen. In diesem Abschnitt der Einführung wird untersucht, wie diese Modelle als zentrale Reaktion auf die sich verändernde Dynamik der Arbeit entstanden sind. Hybride Arbeitsformen, eine Mischung aus Fern- und Büroarbeit, definieren neu, wo und wie Arbeit erledigt wird, und stellen eine bedeutende Weiterentwicklung der traditionellen bürozentrierten Modelle dar.

Die Relevanz hybrider Arbeitsmodelle in der heutigen Arbeitswelt ist vielschichtig. Ursprünglich durch globale Ereignisse wie die COVID-19-Pandemie beschleunigt, wurde der Übergang zu hybriden Modellen durch die sich verändernden Erwartungen der Arbeitnehmer und den technologischen Fortschritt weiter vorangetrieben. Die Arbeitnehmer suchen zunehmend nach Flexibilität am Arbeitsplatz und schätzen die Möglichkeit, ihr Berufs- und Privatleben besser miteinander in Einklang zu bringen. Gleichzeitig haben Fortschritte in der Kommunikations- und Kollaborationstechnologie es möglich und oft auch effizienter gemacht, aus der Ferne zu arbeiten.

Die Erforschung hybrider Arbeitsmodelle ist wichtig, denn sie sind nicht nur eine vorübergehende Anpassung, sondern werden zu einem festen Bestandteil der Arbeitslandschaft. Diese Modelle stellen eine neue Art des Denkens über Arbeitsräume, Arbeitszeiten und Arbeitsprozesse dar. Sie bieten das Potenzial für eine bessere Work-Life-Balance, den Zugang zu einem breiteren Talentpool und Kosteneinsparungen für Arbeitgeber, bringen aber auch Herausforderungen mit sich, wie z. B. die Aufrechterhaltung des Teamzusammenhalts, der Unternehmenskultur und die

Gewährleistung der Gleichbehandlung aller Mitarbeiter, unabhängig von ihrem physischen Arbeitsort.

Wir untersuchen die Feinheiten dieser hybriden Arbeitsmodelle. Sie zu verstehen, ist der Schlüssel für Organisationen und Einzelpersonen, die sich erfolgreich in dieser neuen Normalität bewegen wollen. Bei dieser Untersuchung geht es nicht nur darum, die Vorteile und Herausforderungen zu erkennen, sondern auch darum, den Lesern Strategien und Erkenntnisse an die Hand zu geben, um das Beste aus diesem Wandel zu machen.

Im Mittelpunkt unserer Untersuchung steht ein kritischer Schnittpunkt: die Integration generativer KI in hybride Arbeitsumgebungen. Hier treffen zwei wichtige Trends zusammen, die die Zukunft des Arbeitsplatzes prägen. Das Buch untersucht, wie die Einbindung von KI-Technologien in hybride Modelle nicht nur die physischen und digitalen Räume, in denen wir arbeiten, verändert, sondern auch die Interaktionen, Prozesse und Ergebnisse innerhalb dieser Umgebungen neu definiert.

Das Verständnis des Zusammenspiels zwischen KI und hybrider Arbeit ist in der sich schnell entwickelnden Arbeitslandschaft von heute unerlässlich. Die Möglichkeiten der KI - von der Automatisierung von Routineaufgaben bis hin zu ausgefeilten Analysen und der Verbesserung kreativer Prozesse - bieten eine Fülle von Werkzeugen, die die Effizienz und Effektivität hybrider Arbeitsmodelle erheblich steigern können. Diese Technologien ermöglichen eine nahtlose Zusammenarbeit über verteilte Teams hinweg, gewährleisten die Kontinuität der Abläufe unabhängig vom Standort und eröffnen neue Möglichkeiten für Innovation und Problemlösung.

Diese Integration bringt jedoch auch eine komplexe Dynamik mit sich. Sie erfordert ein sorgfältiges Gleichgewicht zwischen der Nutzung von Technologie zur Produktivitätssteigerung und der Beibehaltung der menschlichen Note, die Kreativität, Innovation und Zufriedenheit am Arbeitsplatz fördert. Das Buch soll diese Nuancen beleuchten und Einblicke geben, wie Unternehmen die Leistung von KI in einem hybriden Umfeld nutzen und gleichzeitig eine Arbeitskultur pflegen können, die menschliche Interaktion, Inklusivität und ethische Überlegungen schätzt.

Durch diese Untersuchung möchte dieses Buch den Lesern ein umfassendes Verständnis dafür vermitteln, wie KI und hybride Arbeitsmodelle miteinander verwoben sind. Es bietet einen Fahrplan für die Navigation an dieser Schnittstelle und zeigt die Strategien, Herausforderungen und Chancen auf, die mit der Einführung von KI in hybriden Arbeitsumgebungen einhergehen. Dieses Verständnis ist entscheidend für Führungskräfte, Manager und Mitarbeiter, die fundierte Entscheidungen treffen und sich effektiv an die sich verändernde Arbeitswelt anpassen wollen.

Unser Werk ist ein Leitfaden, der dazu dient, sich in der komplizierten und sich entwickelnden Landschaft des modernen Arbeitsplatzes zurechtzufinden. Dieser Abschnitt der Einleitung umreißt die Kernziele des Buches und unterstreicht seine Rolle als umfassende Ressource für das Verständnis und die Anpassung an die Veränderungen, die durch generative KI und hybride Arbeitsmodelle hervorgerufen werden.

Das Hauptziel ist es, tiefe Einblicke in die Art und Weise zu geben, wie generative KI und hybride Arbeitsmodelle die Berufswelt umgestalten. Durch die Auseinandersetzung mit diesen Themen soll das Buch die Komplexität und die Nuancen, die mit diesen neuen Trends verbunden sind, entmystifizieren. Es bietet eine gründliche Untersuchung der potenziellen Auswirkungen, Vorteile und Herausforderungen, die sich aus der Integration von KI in verschiedene Arbeitsumgebungen und dem Wandel hin zu flexibleren Arbeitsmodellen ergeben.

Das Buch ist ein praktischer Leitfaden, der den Lesern Strategien und Anleitungen bietet, um diese Veränderungen effektiv zu bewältigen. Es befasst sich mit den Herausforderungen, mit denen Unternehmen, Führungskräfte und Mitarbeiter in dieser neuen Ära der Arbeit konfrontiert werden können, und bietet Lösungen und Best Practices, um diese zu bewältigen. Von der ethischen und effektiven Implementierung von KI-Technologien bis hin zur

Verwaltung und zum Erfolg in hybriden Arbeitsumgebungen deckt das Buch eine Reihe von wichtigen Themen ab.

Wir betonen die Rolle des Leitfadens und statten die Leser mit den Werkzeugen und dem Wissen aus, das sie für Anpassung und Erfolg benötigen. Ob für Führungskräfte, die KI in ihre Abläufe integrieren wollen, für Fachkräfte, die in hybriden Arbeitsumgebungen erfolgreich sein wollen, oder für Unternehmen, die eine produktive und engagierte Belegschaft aufrechterhalten wollen - "The Future of Work Now" bietet wertvolle Anleitungen und Einblicke.

Ziel und Zweck des Buches ist es, Sie, den Leser, in die Lage zu versetzen, die Veränderungen, die die Zukunft der Arbeit kennzeichnen, anzunehmen und zu bewältigen. Durch die Bereitstellung umfassender Einblicke und praktischer Anleitungen soll das Buch eine unverzichtbare Ressource für alle sein, die die sich entwickelnde Dynamik des Arbeitsplatzes im Zeitalter von KI und hybriden Arbeitsmodellen verstehen und sich darauf einstellen wollen.

Das Buch ist in drei verschiedene Teile gegliedert, die sich jeweils mit zentralen Aspekten der modernen, von generativer KI und hybriden Arbeitsmodellen geprägten Arbeitslandschaft befassen. Dieser Abschnitt der Einleitung bietet einen kurzen Überblick über diese Teile und gibt dem Leser einen Einblick in die thematischen Schwerpunkte und die entscheidenden Themen, die sie behandeln.

Teil 1: Generative KI und Kultur am Arbeitsplatz

Dieser Abschnitt befasst sich mit der generativen KI und beleuchtet ihre Rolle bei der Veränderung der Arbeitsplatzkultur. Wir analysieren das Konzept der generativen KI, zeichnen seine Entwicklung nach und diskutieren seine verschiedenen Anwendungen in unterschiedlichen Branchen. In den Kapiteln werden die tiefgreifenden Auswirkungen von KI auf Arbeitsaufgaben und -fähigkeiten untersucht und der Wandel der Arbeitsplatzdynamik beleuchtet, den diese Technologie mit sich bringt. Wir navigieren auch durch die ethische Landschaft, die KI am Arbeitsplatz umgibt, und befassen uns mit Herausforderungen wie Voreingenommenheit und dem Gleichgewicht zwischen menschlicher Intuition und automatisierter Entscheidungsfindung.

Teil 2: Navigieren durch hybride Arbeitsplatzmodelle

Im zweiten Teil wird der Schwerpunkt auf das Konzept der hybriden Arbeitsmodelle gelegt. In diesem Teil wird der Aufstieg dieser Modelle als Reaktion auf die sich verändernde Arbeitsdynamik untersucht, wobei ihre Vorteile und Herausforderungen analysiert werden. Zu den wichtigsten Themen gehören die grundlegenden Technologien und Infrastrukturen, die effektive hybride Arbeitsumgebungen unterstützen, Strategien für das Management von Remote-Teams und die Feinheiten der Führung und Einbindung von Mitarbeitern in einem hybriden Umfeld. Anhand verschiedener Fallstudien bietet dieser Teil praktische Einblicke in die Umsetzung und das Gedeihen hybrider Arbeitsmodelle.

Teil 3: Integration von generativer KI und hybriden Arbeitsmodellen

Im letzten Teil führen wir die Themen generative KI und hybride Arbeitsmodelle zusammen und untersuchen, wie diese beiden Kräfte integriert werden können, um dynamischere und effizientere Arbeitsumgebungen zu schaffen. In diesem Abschnitt werden die Verschmelzung von KI mit hybriden Arbeitskulturen, die Qualifizierung für einen KI-gesteuerten hybriden Arbeitsplatz und der Umgang mit den besonderen ethischen Überlegungen an dieser Schnittstelle erörtert. Den Abschluss bilden Fallstudien von Unternehmen, die KI erfolgreich mit hybriden Arbeitsmodellen kombiniert haben, um den Lesern umsetzbare Erkenntnisse und Best Practices zu vermitteln.

Jeder Teil des Buches ist so konzipiert, dass er ein umfassendes Verständnis des jeweiligen Themas bietet, ausgestattet mit Beispielen aus der Praxis, Fallstudien und praktischen Ratschlägen. Die Struktur ist so angelegt, dass sie den Leser durch die Komplexität dieser aufkommenden Trends führt und ihm das

Wissen und die Werkzeuge an die Hand gibt, die er braucht, um sich in der sich wandelnden Arbeitslandschaft zurechtzufinden und erfolgreich zu sein.

"The Future of Work Now" richtet sich an ein vielfältiges Publikum, das eine wichtige Rolle in der sich wandelnden Arbeitswelt spielt. Dieses Buch ist besonders wertvoll für Unternehmensleiter und Führungskräfte, die an der Spitze der Umsetzung von Veränderungen in ihren Organisationen stehen. Es bietet ihnen Einblicke in die Nutzung der generativen KI und die effektive Integration hybrider Arbeitsmodelle, die ihnen einen strategischen Vorteil im heutigen Wettbewerb verschaffen.

Fachleute aus verschiedenen Bereichen werden dieses Buch ebenfalls als äußerst nützlich empfinden. Ganz gleich, ob sie sich mit den Herausforderungen der Anpassung an KI-gestützte Rollen oder mit dem Erfolg in hybriden Arbeitsumgebungen auseinandersetzen müssen - das Buch bietet praktische Ratschläge und einen Ausblick auf zukünftige Trends, die sich auf ihre Karriere auswirken können.

Eine weitere wichtige Zielgruppe sind Personalverantwortliche und Fachleute für Organisationsentwicklung. Das Buch bietet ihnen Perspektiven für die Bewältigung des menschlichen Elements dieser Übergänge, von der Qualifizierung der Mitarbeiter bis hin zur Gewährleistung ethischer Praktiken bei der KI-Implementierung und der Förderung einer integrativen hybriden Arbeitskultur.

Dieses Buch ist eine wertvolle Quelle für Akademiker, Studenten und Forscher, die sich für die Zukunft der Arbeit interessieren. Es bietet eine umfassende Analyse aktueller Trends und Zukunftsprognosen und ist damit ein nützliches Instrument für akademische Studien und Forschung. Es ist eine unverzichtbare Lektüre für jeden, der sich für die sich rasch verändernde Arbeitslandschaft interessiert. Ob Sie nun ein Kleinunternehmer, ein Start-up-Unternehmer, ein politischer Entscheidungsträger oder einfach nur eine Person sind, die mit den neuesten

Entwicklungen in der Arbeitswelt Schritt halten möchte - dieses Buch ist für Sie interessant.

Da wir an der Schwelle zu transformativen Veränderungen am Arbeitsplatz stehen, lädt "The Future of Work Now" Sie, den Leser, dazu ein, sich auf eine Entdeckungsreise in die Zukunft zu begeben. Dieses Buch ist nicht nur eine Sammlung von Erkenntnissen und Vorhersagen; es ist eine Reise in das Herz der sich entwickelnden Arbeitslandschaft, geleitet von den dualen Kräften der generativen KI und hybriden Arbeitsmodellen.

Wir möchten Sie ermutigen, diese Reise mit offenem Geist anzutreten. Die Veränderungen und Entwicklungen, die auf diesen Seiten erörtert werden, sind keine bloßen Spekulationen, sondern Realitäten, die sich in Echtzeit entfalten. Beim Durchblättern der Kapitel werden Sie auf Ideen und Konzepte stoßen, die traditionelle Vorstellungen von Arbeit in Frage stellen und die Grenzen dessen, was in einem modernen beruflichen Umfeld möglich ist, verschieben.

Nehmen Sie die in diesem Buch dargestellten Veränderungen und Herausforderungen an. Egal, ob Sie eine Führungskraft sind, die Ihr Unternehmen durch diese unbekannten Gewässer lenken will, ein Fachmann, der sich anpassen und erfolgreich sein will, oder einfach nur ein Mensch, der neugierig auf die Zukunft der Arbeit ist - es gibt viel zu lernen und noch mehr zum Nachdenken.

Denken Sie auf dieser Reise daran, dass die Zukunft der Arbeit kein ferner Traum ist, sondern eine gegenwärtige Entwicklung. Die Erkenntnisse, die Sie hier gewinnen, sind Werkzeuge, um diese neue Ära zu verstehen, sich anzupassen und zu gestalten. Lassen Sie uns also das Blatt wenden und gemeinsam in die Zukunft der Arbeit aufbrechen.

Teil 1: Generative KI und Kultur am Arbeitsplatz

In Teil 1 von "The Future of Work Now" erforschen wir die komplizierte Beziehung zwischen generativer KI und Arbeitsplatzkultur. Wir untersuchen, wie diese fortschrittliche Technologie nicht nur Jobrollen und Qualifikationsanforderungen neu definiert, sondern auch das Ethos des modernen Arbeitsplatzes umgestaltet.

Wir beginnen mit einem tiefen Einblick in das Verständnis generativer KI. Bei dieser Untersuchung geht es nicht nur um eine Definition, sondern darum, das Wesen der generativen KI zu verstehen und herauszufinden, wie sie sich von herkömmlichen Formen der künstlichen Intelligenz unterscheidet. Wir zeichnen die historische Entwicklung der KI in der Arbeitswelt nach, von den Grundlagen des maschinellen Lernens bis zu den ausgefeilten, kreativen Fähigkeiten der heutigen generativen KI-Systeme. Angereichert wird diese Erzählung mit Beispielen, die zeigen, wie generative KI derzeit in verschiedenen Branchen eingesetzt wird, und die einen Einblick in ihre vielseitigen Anwendungen geben.

Im Folgenden untersuchen wir die tiefgreifenden Auswirkungen der KI auf Berufsrollen und Qualifikationen. Das Aufkommen der KI verändert nicht nur die Aufgaben, die wir ausführen, sondern läutet auch eine neue Ära der Qualifikationsanforderungen und Stellenbeschreibungen ein. Wir gehen auf die Art dieser Veränderungen ein und untersuchen, wie sich Mitarbeiter und Unternehmen an diesen Wandel anpassen können. Dazu gehört auch ein Blick auf innovative Schulungsmethoden, die darauf abzielen, die Mitarbeiter mit den Fähigkeiten auszustatten, die sie benötigen, um in einem durch KI erweiterten Arbeitsumfeld erfolgreich zu sein.

Ethische Überlegungen sind ein wesentlicher Aspekt unserer Diskussion über KI. Der Einsatz von KI am Arbeitsplatz wirft Fragen der Voreingenommenheit, der Entscheidungsfindung und des Gleichgewichts zwischen menschlicher Intuition und automatisierten Prozessen auf. Wir untersuchen diese ethischen Dilemmata und erörtern die Entwicklung von Rahmenwerken, die eine verantwortungsvolle und faire Nutzung von KI im beruflichen Umfeld ermöglichen sollen.

Schließlich erwecken wir die besprochenen Theorien und Konzepte durch eine Reihe von Fallstudien zum Leben. Diese Beispiele aus der Praxis zeigen, wie verschiedene Branchen die KI in ihre Abläufe integrieren. Von Erfolgsgeschichten bis hin zu Lessons Learned bieten diese Fallstudien wertvolle Einblicke in die Herausforderungen und Lösungen, die bei der Einführung von KI auftreten.

Teil 1 legt daher den Grundstein für das Verständnis der vielfältigen Auswirkungen generativer KI auf den Arbeitsplatz und ebnet den Weg für eine umfassende Diskussion darüber, wie diese Technologien aktuelle und zukünftige Arbeitskulturen prägen.

Kapitel 1. Einführung in die generative KI

Generative KI steht an der Spitze der Technologie für künstliche Intelligenz und stellt einen bedeutenden Sprung gegenüber herkömmlichen KI-Systemen dar. Im Kern umfasst die generative KI eine Reihe von Algorithmen und Modellen, die in der Lage sind, neue, originelle Inhalte oder Daten zu erstellen, die sich nicht von menschlich erzeugten Ergebnissen unterscheiden lassen. Diese Technologie geht über die bloße Analyse und Interpretation von Daten hinaus; sie erzeugt aktiv neue Ideen, Lösungen, Bilder, Texte und sogar Töne auf der Grundlage erlernter Muster und Strukturen.

Eines der hervorstechendsten Merkmale der generativen KI ist ihre Fähigkeit, innovativ zu sein und Arbeiten zu produzieren, die die Grenzen von Kreativität und Effizienz überschreiten. Sie kann in vielen Bereichen eingesetzt werden - von der Komposition von Musik und der Schaffung von Kunst bis hin zur Entwicklung neuer Arzneimittel und der Optimierung komplexer Systeme. Das Potenzial der generativen KI liegt in ihrer Fähigkeit, die menschlichen Fähigkeiten zu erweitern und neue Möglichkeiten der Erforschung und Entdeckung zu eröffnen.

Unterscheidung zwischen generativer KI und anderen Formen der KI

Um die Bedeutung der generativen KI richtig einschätzen zu können, ist es wichtig zu verstehen, wie sie sich von anderen Formen der KI unterscheidet. Herkömmliche KI-Systeme, die oft als diskriminative Modelle eingestuft werden, sind in erster Linie darauf ausgelegt, Eingabedaten zu erkennen, zu klassifizieren und darauf zu reagieren. Diese Systeme eignen sich hervorragend für Aufgaben wie die Kategorisierung von Bildern, die Übersetzung von Sprachen oder die Empfehlung von Produkten auf der

Grundlage des bisherigen Nutzerverhaltens. Sie treffen Entscheidungen auf der Grundlage der empfangenen Daten, erstellen aber keine neuen Daten oder Inhalte.

Generative KI hingegen zeichnet sich durch ihre Fähigkeit aus, Ergebnisse zu erzeugen, die nicht explizit programmiert oder in den Trainingsdaten enthalten sind. Sie nutzt Techniken wie neuronale Netze, insbesondere Deep Learning, um die komplexen Muster und Strukturen in ihrem Trainingsmaterial zu verstehen und zu replizieren. Anschließend wird dieses Verständnis genutzt, um neue, originelle Inhalte zu generieren, die oft eine bemerkenswerte Ähnlichkeit mit von Menschen geschaffenen Werken aufweisen.

Generative KI bezieht sich auf eine Untergruppe der Technologie der künstlichen Intelligenz, die darauf ausgelegt ist, neue Inhalte, Lösungen oder Daten selbstständig zu erstellen. Im Gegensatz zu herkömmlichen KI-Systemen, die darauf programmiert sind, Daten zu analysieren und zu interpretieren, um Entscheidungen oder Vorhersagen zu treffen, geht die generative KI einen Schritt weiter. Sie verwendet fortschrittliche Algorithmen, um Ergebnisse zu erzeugen, die völlig neu sein können und nicht nur eine Neukonfiguration der Eingabedaten darstellen. Diese Form der KI basiert in erster Linie auf Modellen des maschinellen Lernens, insbesondere auf Deep-Learning-Netzwerken, die es ermöglichen, aus großen Datensätzen zu lernen und Ergebnisse zu erzeugen, die die Merkmale der Eingabedaten nachahmen oder replizieren.

Hauptmerkmale, die sie von der traditionellen KI unterscheiden

1. Kreativität und Innovation: Generative KI kann neuartige Inhalte produzieren, seien es Texte, Bilder, Musik oder Ideen, und demonstriert damit eine Form digitaler Kreativität, die weit über die Fähigkeiten herkömmlicher KI hinausgeht.

2. Lernen und Anpassen: Es lernt aus Datenmustern und kann seine Ausgabe auf der Grundlage dieses Lernens anpassen, so

dass es mit der Zeit immer ausgefeiltere und genauere Kreationen erstellen kann.

3. Eigenständigkeit: Während herkömmliche KI-Systeme bestimmte Anweisungen und Parameter benötigen, um zu funktionieren, verfügt die generative KI über ein höheres Maß an Autonomie, da sie in der Lage ist, ohne ausdrückliche Anleitung zu arbeiten.

4. Prädiktive Modellierung: Generative KI kann zur Vorhersage und Modellierung komplexer Szenarien verwendet werden, indem Daten generiert werden, die mögliche zukünftige Ergebnisse darstellen - ein Schritt über die prädiktive Analyse herkömmlicher KI hinaus.

Arten von Aufgaben, für die generative KI ausgelegt ist

1. Erstellung von Inhalten: Dazu gehören die Erstellung realistischer Bilder, die Musikproduktion, das Verfassen von Textinhalten und sogar die Entwicklung von Videospielumgebungen.

2. Datenerweiterung: Generative KI kann neue Datenpunkte erstellen, um bestehende Datensätze zu erweitern, was besonders in Szenarien nützlich ist, in denen die Datenerfassung schwierig oder begrenzt ist.

3. Simulation und Modellierung: Sie wird zur Simulation komplexer Systeme oder Umgebungen eingesetzt und liefert wertvolle Erkenntnisse in Bereichen wie Klimawissenschaft, Wirtschaft und Stadtplanung.

4. Problemlösung: In Bereichen wie der Logistik oder der Netzwerkoptimierung kann generative KI Lösungen für komplexe Probleme vorschlagen, indem sie mehrere Szenarien und Ergebnisse erzeugt.

5. Produktdesign: Es kann den Entwurfsprozess unterstützen, indem es zahlreiche Entwurfsoptionen generiert und diese durchläuft, um die optimalsten Lösungen zu finden.

Bei der Erforschung der generativen KI in diesem Kapitel werden wir diese Aufgaben detaillierter untersuchen und prüfen, wie sie in verschiedenen Branchen und Sektoren angewendet werden. Diese Erkundung wird das transformative Potenzial der generativen KI offenbaren und ihre Rolle als Schlüsseltechnologie in der aktuellen und zukünftigen Arbeits- und Innovationslandschaft aufzeigen.

Die Geschichte der künstlichen Intelligenz (KI) am Arbeitsplatz ist eine faszinierende Entwicklung von einfachen, regelbasierten Algorithmen bis zur heutigen hochentwickelten generativen KI. Diese Entwicklung wurde durch eine Reihe von Entwicklungen und Durchbrüchen geprägt, die alle eine entscheidende Rolle bei der Umgestaltung der KI gespielt haben.

Die Anfänge der KI in der Mitte des 20. Jahrhunderts waren durch explorative Forschung und grundlegende Theorien gekennzeichnet. Diese frühen KI-Systeme arbeiteten nach vordefinierten Regeln und Logik und waren in der Lage, grundlegende Aufgaben wie Berechnungen, Datensortierung und einfache Entscheidungsfindung auszuführen. Ihre ersten Anwendungen fanden sich in rudimentären Formen der Bestandsverwaltung und des Kundendienstes, etwa in automatischen Telefonsystemen.

Im Zuge der Weiterentwicklung der KI wurden neuronale Netze - inspiriert von der Struktur des menschlichen Gehirns - konzipiert und verfeinert, wodurch die Grundlage für fortschrittlichere Modelle geschaffen wurde. Damit begann die Ära des maschinellen Lernens, in der Systeme ohne explizite Programmierung aus Erfahrungen lernen und sich verbessern konnten. Das Aufkommen von Big Data hat die Entwicklung der KI weiter vorangetrieben, indem es diesen Systemen riesige Datensätze zur Verfügung stellte, aus denen sie lernen und so ihre Fähigkeiten verbessern konnten.

Der Übergang von regelbasierter KI zu maschinellem Lernen und Deep Learning markierte einen bedeutenden Wendepunkt. Im Gegensatz zu ihren Vorgängern benötigten diese neueren Modelle nicht für jede Aufgabe detaillierte Anweisungen. Stattdessen waren sie in der Lage, aus Daten zu lernen, was sie für ein breiteres Spektrum an komplexen Anwendungen geeignet machte. Dieser Übergang trug maßgeblich dazu bei, die Rolle der KI am Arbeitsplatz zu erweitern und über einfache Aufgaben hinaus zu differenzierteren und anspruchsvolleren Funktionen überzugehen.

Die Entwicklung der generativen KI wurde durch wichtige technologische Fortschritte vorangetrieben. Hochentwickelte Algorithmen wie Generative Adversarial Networks (GANs) spielten eine entscheidende Rolle. Diese Netze, bei denen zwei neuronale Netze im Tandem arbeiten, sind in der Lage, neue, synthetische Dateninstanzen zu erzeugen. Diese Innovation in Verbindung mit dem exponentiellen Wachstum der Rechenleistung und den Fortschritten bei der Datenspeicherung und -verarbeitung ermöglichte die Verarbeitung großer Datensätze, die für das Training und den Betrieb generativer KI-Systeme erforderlich sind.

Diese historische Entwicklung der KI von ihren regelbasierten Ursprüngen bis zu den fortschrittlichen generativen Modellen von heute hat den Arbeitsplatz revolutioniert. Sie hat neue Grenzen für Effizienz, Kreativität und Innovation eröffnet und die Art und Weise, wie Arbeit erledigt wird und wie die Zukunft der Arbeit aussehen könnte, neu gestaltet. In den weiteren Kapiteln von "The Future of Work Now" werden wir den aktuellen Stand und das Potenzial der künstlichen Intelligenz am Arbeitsplatz erforschen, beleuchtet durch diesen reichen historischen Kontext.

Die generative KI, ein Wunderwerk der modernen Technologie, wird von mehreren Kerntechnologien unterstützt, die ihre einzigartigen Fähigkeiten ermöglichen. Das Verständnis dieser grundlegenden Elemente ermöglicht einen Einblick in die Funktionsweise der generativen KI und ihre möglichen Anwendungen in verschiedenen Bereichen.

Neuronale Netze

Das Herzstück der generativen KI sind neuronale Netze, insbesondere Deep-Learning-Netze, die sich an der Struktur und Funktion des menschlichen Gehirns orientieren. Diese Netze bestehen aus Schichten miteinander verbundener Knoten oder "Neuronen", die Informationen verarbeiten und übertragen. Im Rahmen der generativen KI werden neuronale Netze auf großen Datensätzen trainiert und lernen, komplexe Muster und Strukturen in den Daten zu erkennen und zu replizieren. Deep-Learning-Netzwerke mit ihren mehreren Schichten sind besonders gut in der Lage, große Datenmengen zu verarbeiten, was sie ideal für Aufgaben macht, die ein hohes Maß an Genauigkeit und Detailgenauigkeit erfordern, wie etwa Bild- und Spracherkennung.

Natürliche Sprachverarbeitung (NLP)

Die Verarbeitung natürlicher Sprache (Natural Language Processing, NLP) ist ein weiterer Eckpfeiler der generativen KI, der es Maschinen ermöglicht, menschliche Sprache zu verstehen, zu interpretieren und zu erzeugen. Durch den Einsatz von NLP kann generative KI menschenähnlichen Text produzieren, Sprachen übersetzen oder sogar Inhalte wie Gedichte oder Nachrichtenartikel erstellen. NLP-Systeme verwenden eine Kombination aus linguistischen Regeln und maschinellen Lernmodellen, um Sprachmuster zu entschlüsseln und nachzuahmen und so die Nuancen und Komplexität der menschlichen Kommunikation zu verstehen.

Algorithmen für maschinelles Lernen

Generative KI stützt sich auch stark auf fortschrittliche Algorithmen für maschinelles Lernen, die es ihr ermöglichen, aus Daten zu lernen und Vorhersagen oder Entscheidungen zu treffen. Ein solcher Algorithmus ist das Generative Adversarial Network (GAN), bei dem zwei neuronale Netze - ein Generator und ein Diskriminator - gegeneinander arbeiten. Der Generator erzeugt Daten (z. B. ein Bild), und der Diskriminator wertet sie anhand echter Daten aus, wobei er lernt, seine Erzeugung mit der Zeit zu verbessern. Dieser kontradiktorische Prozess führt zur Erstellung äußerst realistischer und überzeugender KI-generierter Inhalte.

Neuronale Netze bilden den Rahmen für das Lernen und die Datenverarbeitung, NLP ermöglicht das Verstehen und Erzeugen menschlicher Sprache, und maschinelle Lernalgorithmen wie GANs ermöglichen die Erzeugung neuer, realistischer Ergebnisse. Zusammen ermöglichen diese Technologien der generativen KI die Durchführung einer Reihe von Aufgaben, von der Schaffung von Kunst und Musik bis hin zur Lösung komplexer analytischer Probleme, was sie zu einem transformativen Werkzeug für den modernen Arbeitsplatz macht.

Die generative KI mit ihren weitreichenden Fähigkeiten setzt sich in verschiedenen Branchen durch. Ihre Anwendungen reichen von der Verbesserung von Kreativität und Design bis hin zur Revolutionierung der Datenanalyse und des Kundendienstes. Sehen wir uns an, wie generative KI in verschiedenen Sektoren eingesetzt wird und welche Vorteile und Herausforderungen sie jeweils mit sich bringt.

Im Bereich der Kreativwirtschaft ist die generative KI ein entscheidender Fortschritt. Sie wird eingesetzt, um digitale Kunst zu schaffen, Musik zu komponieren und sogar Drehbücher zu schreiben. KI-Algorithmen können zum Beispiel realistische Bilder oder Animationen erzeugen und Designern bei der Konzeption und Visualisierung neuer Ideen helfen. In den Medien wird KI eingesetzt, um personalisierte Inhalte zu erstellen, die sich an individuelle Vorlieben anpassen und das Engagement der Nutzer erhöhen.

- Vorteile: KI in der Kreativbranche beschleunigt den kreativen Prozess, bietet neue Wege für Innovationen und personalisiert die Nutzererfahrung.

- Herausforderungen: Es gibt eine Debatte über die Originalität und die ethischen Implikationen von KI-generierten Inhalten sowie Bedenken, dass KI die menschliche Kreativität ersetzen könnte.

Generative KI verändert die Geschäfts- und Finanzwelt, indem sie fortschrittliche Lösungen für Datenanalyse und Prognosen bietet. KI-Algorithmen können große Datenmengen verarbeiten, um Trends zu erkennen und Vorhersagen zu treffen, die bei der strategischen Entscheidungsfindung helfen. Im Kundenservice bieten KI-gestützte Chatbots personalisierte Unterstützung und verbessern das Kundenerlebnis und die betriebliche Effizienz.

- Vorteile: KI ermöglicht genauere Prognosen, effiziente Datenverarbeitung und verbesserten Kundenservice.

- Die Herausforderungen: Die Abhängigkeit von KI bei der Entscheidungsfindung wirft Fragen zur Genauigkeit, Voreingenommenheit und zum Verlust des menschlichen Urteilsvermögens bei wichtigen Geschäftsentscheidungen auf.

Im Gesundheitswesen spielt die generative KI eine zentrale Rolle bei der Diagnose und Behandlungsplanung. KI-Algorithmen können medizinische Bilder analysieren, um bei der Diagnose von Krankheiten zu helfen, und bei der Behandlungsplanung kann KI dabei helfen, auf der Grundlage patientenspezifischer Daten personalisierte Therapien zu entwickeln.

- Vorteile: KI trägt zu genaueren Diagnosen, personalisierten Behandlungsplänen und dem Potenzial für Durchbrüche in der komplexen medizinischen Forschung bei.

- Herausforderungen: Es gibt Bedenken hinsichtlich des Datenschutzes, der Notwendigkeit robuster Datensätze zum Trainieren von KI und der Sicherstellung, dass KI das Fachwissen des Arztes ergänzt, anstatt es zu ersetzen.

Fertigung und Logistik profitieren von KI-gesteuerter Automatisierung und vorausschauender Wartung. KI-Systeme können Produktionsprozesse optimieren, Lieferketten verwalten und Anlagenausfälle vorhersagen, bevor sie auftreten, wodurch Ausfallzeiten und Wartungskosten reduziert werden.

- Vorteile: Höhere Effizienz, geringere Betriebskosten und verbesserte Produktqualität sind wesentliche Vorteile.

- Die Herausforderungen: Implementierungskosten, die Notwendigkeit einer kontinuierlichen Dateneingabe und -analyse sowie die potenziellen Auswirkungen auf die Beschäftigung in traditionellen Fertigungsberufen.

In jeder dieser Branchen bringt die generative KI eine Reihe von Vorteilen und Herausforderungen mit sich. Sie bietet zwar mehr Effizienz, mehr Kreativität und eine fundiertere Entscheidungsfindung, wirft aber auch Bedenken auf, wie z. B. ethische Erwägungen, das Potenzial zur Verdrängung von Arbeitsplätzen und die Notwendigkeit einer soliden Datenverwaltung. Während wir die Anwendungen der KI weiter erforschen, werden diese Vorteile und Herausforderungen die Art und Weise bestimmen, wie die KI in verschiedenen Sektoren integriert und weiterentwickelt wird.

Generative KI revolutioniert die Arbeitswelt, indem sie die Effizienz und Produktivität erheblich optimiert. Ihre Auswirkungen sind in verschiedenen Arbeitsprozessen zu spüren, wo sie nicht nur Abläufe rationalisiert, sondern auch ein neues Maß an Kreativität und Einsicht ermöglicht.

Im Hinblick auf die Effizienz ist generative KI in der Lage, komplexe Aufgaben zu automatisieren, die traditionell einen erheblichen menschlichen Einsatz erforderten. Durch die Verarbeitung und Analyse großer Datenmengen in noch nie dagewesener Geschwindigkeit lassen sich Muster und Erkenntnisse erkennen, die die betriebliche Effizienz verbessern können. In Bereichen wie Einzelhandel und Logistik kann KI beispielsweise das Verbraucherverhalten vorhersagen oder das Lieferkettenmanagement optimieren, was zu einer effizienteren Ressourcenzuweisung und Bestandsverwaltung führt.

Die Rolle der generativen KI bei der Steigerung der Produktivität geht über die reine Automatisierung hinaus. Sie hilft auch bei Entscheidungsprozessen. Im Finanzsektor werden KI-Algorithmen zur Analyse von Markttrends und zur Beratung über Anlagestrategien eingesetzt, was schnellere und fundiertere Entscheidungen ermöglicht. Im Marketing können KI-Tools Verbraucherdaten analysieren, um Marketingstrategien anzupassen und die Wirksamkeit von Kampagnen zu erhöhen.

Die generative KI prägt die kreativen Prozesse entscheidend mit. In den Bereichen Design und Inhaltserstellung beispielsweise werden KI-Tools eingesetzt, um neue Konzepte und Ideen zu generieren und so die Grenzen der Kreativität zu verschieben. Diese Tools können Designalternativen vorschlagen, kreative Texte verfassen oder sogar Musik komponieren und geben Kreativprofis damit ein leistungsstarkes Werkzeug an die Hand, um neue Möglichkeiten zu erkunden.

Die Integration von KI in Arbeitsprozesse ist nicht ohne Herausforderungen. KI kann zwar die Effizienz und Kreativität steigern, aber es besteht ein ständiger Bedarf, die KI-gesteuerte Automatisierung mit der menschlichen Aufsicht in Einklang zu bringen. Um die Qualität und Integrität von Arbeitsprozessen aufrechtzuerhalten, muss sichergestellt werden, dass KI die menschlichen Fähigkeiten ergänzt, anstatt sie zu ersetzen.

Wenn wir über die Zukunft der generativen KI am Arbeitsplatz nachdenken, ist klar, dass ihre Entwicklung nicht nur unsere Arbeitsweise, sondern auch die Konturen der globalen Wirtschaft und die gesellschaftlichen Normen verändern wird. Die künftigen Entwicklungen der generativen KI werden voraussichtlich bahnbrechend sein. Wir erwarten Fortschritte, die die KI noch intuitiver und kreativer machen und sie in die Lage versetzen, komplexe Aufgaben zu bewältigen, die derzeit noch menschliches Fachwissen erfordern. Diese Entwicklung könnte zu KI-Systemen führen, die nicht nur Werkzeuge sind, sondern an kreativen und strategischen Prozessen mitwirken. Im Bereich der Forschung und Entwicklung könnte KI beispielsweise eine Schlüsselrolle bei der

Entdeckung neuer Materialien oder Medikamente spielen und so den Innovationszyklus drastisch beschleunigen.

Die Auswirkungen der generativen KI auf verschiedene Arbeitsbereiche könnten tiefgreifend sein. In Sektoren wie der Fertigung könnte KI zu effizienteren Produktionslinien und einer vorausschauenden Wartung führen, die Ausfallzeiten und Kosten reduziert. Im Dienstleistungssektor und in der Kundenbetreuung wird KI wahrscheinlich ein personalisierteres und effizienteres Kundenerlebnis ermöglichen. Dies bringt jedoch auch die Herausforderung mit sich, dass Arbeitsplätze in Rollen, die durch KI automatisiert werden, verdrängt werden, was eine Konzentration auf die Umschulung und Höherqualifizierung von Mitarbeitern erforderlich macht.

Die Weltwirtschaft könnte durch die breite Einführung generativer KI erhebliche Veränderungen erfahren. In verschiedenen Branchen könnte es zu einem Produktivitäts- und Effizienzsprung kommen, der zu Wirtschaftswachstum führt. Dies könnte jedoch auch zu Ungleichheiten zwischen Unternehmen und Volkswirtschaften führen, die KI effektiv integrieren können, und solchen, die dies nicht können, wodurch sich die wirtschaftliche Kluft möglicherweise vergrößert.

Ethische und gesellschaftliche Implikationen werden bei der breiten Einführung generativer KI im Vordergrund stehen. Fragen des Datenschutzes, der Sicherheit und der ethischen Nutzung von KI-generierten Inhalten werden zunehmend an Bedeutung gewinnen. Es bedarf klarer rechtlicher Rahmenbedingungen und ethischer Richtlinien, um sicherzustellen, dass der Einsatz von KI verantwortungsbewusst und zum Nutzen der Gesellschaft als Ganzes erfolgt. Mit der zunehmenden Verbreitung von KI werden auch ihre gesellschaftlichen Auswirkungen, insbesondere auf die Beschäftigung und die Privatsphäre, ein sorgfältiges Management und durchdachte Lösungen erfordern.

Die Zukunft der generativen KI am Arbeitsplatz ist eine Landschaft voller Potenziale und Herausforderungen. Ihre Fortschritte versprechen Effizienz und Innovation, aber sie erfordern auch eine sorgfältige Abwägung der ethischen, gesellschaftlichen und wirtschaftlichen Auswirkungen. Auf unserem Weg in die Zukunft werden wir uns darauf konzentrieren, die Vorteile der KI zu nutzen und gleichzeitig verantwortungsvoll mit ihren Herausforderungen umzugehen, um eine Zukunft zu gestalten, die die Technologie zum Wohle von Unternehmen, Wirtschaft und Gesellschaft einsetzt.

Zum Abschluss dieses Kapitels über die historische Entwicklung und die Kerntechnologien der generativen KI haben wir ihre Entstehung, Entwicklung und die komplizierten Technologien, die ihre Grundlage bilden, durchlaufen. Wir haben gesehen, wie die generative KI von den frühen regelbasierten Systemen bis hin zu den ausgefeilten Modellen des maschinellen Lernens und der neuronalen Netzwerke von heute einen bedeutenden Sprung in den Fähigkeiten der künstlichen Intelligenz darstellt. Diese Entwicklung von der grundlegenden Datenverarbeitung hin zur Schaffung neuer, innovativer Inhalte und Lösungen markiert einen entscheidenden Wandel im Potenzial der KI.

Wir haben uns mit den Kerntechnologien der generativen KI befasst, z. B. mit neuronalen Netzen, die das menschliche Gehirn nachahmen, mit der Verarbeitung natürlicher Sprache, die es Maschinen ermöglicht, menschenähnliche Sprache zu interpretieren und zu generieren, und mit fortgeschrittenen Algorithmen des maschinellen Lernens wie GANs, die die Erstellung völlig neuer Daten ermöglichen. Diese Technologien bilden zusammen das Rückgrat der generativen KI und ermöglichen es ihr, verschiedene Branchen durch die Optimierung von Prozessen, die Steigerung der Kreativität und die Unterstützung bei komplexen Entscheidungen zu beeinflussen.

Wir haben die Anwendungen generativer KI in verschiedenen Sektoren untersucht, von der Kreativwirtschaft, wo sie die Grenzen von Kunst und Design verschiebt, über die Wirtschaft und das Finanzwesen, wo sie die Datenanalyse und den Kundenservice revolutioniert, bis hin zum Gesundheitswesen und der Fertigung, wo sie die Diagnostik und vorausschauende Wartung verbessert. Jede dieser Anwendungen zeigt das transformative Potenzial der generativen KI bei der Steigerung von Effizienz, Kreativität und strategischen Erkenntnissen.

Es ist klar, dass sich die generative KI ständig weiterentwickelt und Innovationen hervorbringt, die erhebliche Auswirkungen auf die Zukunft der Arbeit haben. Die von uns besprochenen Technologien bilden die Grundlage für eine tiefere Erkundung, wie KI den Arbeitsplatz umgestaltet. Im nächsten Kapitel werden wir uns mit den Auswirkungen der KI auf Berufsrollen und Qualifikationen befassen. Wir werden untersuchen, wie der Fortschritt der KI-Technologien nicht nur Aufgaben automatisiert, sondern auch neue Berufsrollen schafft und eine Verschiebung der am modernen Arbeitsplatz erforderlichen Fähigkeiten erforderlich macht. Begleiten Sie uns auf unserem Weg durch die sich ständig verändernde Arbeitslandschaft im Zeitalter der KI.

Kapitel 2: Die Auswirkungen von KI auf Berufsrollen und Qualifikationen

In Kapitel 2 von "The Future of Work Now" konzentrieren wir uns auf den tiefgreifenden Einfluss der künstlichen Intelligenz auf den Arbeitsplatz. Die Präsenz von KI in der Arbeitswelt hat exponentiell zugenommen, nicht nur im Hinblick auf die technologische Infrastruktur, sondern auch in Bezug auf die Neudefinition von Rollen und die Umgestaltung von Fähigkeiten. In diesem Kapitel soll der Einfluss der KI auf die Berufsrollen und -fähigkeiten kontextualisiert und in seiner Tiefe untersucht werden.

Die Integration von KI in verschiedene Branchen hat die Grenzen einer bloßen technologischen Neuheit überschritten; sie ist zu einem grundlegenden Bestandteil operativer und strategischer Funktionen in Unternehmen geworden. Von der Automatisierung von Routineaufgaben bis hin zur Bereitstellung komplexer Analysen und der Erleichterung kreativer Prozesse - die Fähigkeiten der KI verbessern und verändern die Art der Arbeit. Diese Entwicklung ist nicht auf bestimmte Sektoren beschränkt, sondern ein weit verbreitetes Phänomen, das sich auf eine Vielzahl von Berufen und Disziplinen auswirkt.

Da die KI weiter voranschreitet, hat sie einen zweifachen Einfluss auf die Berufsrollen. Einerseits automatisiert und rationalisiert sie Aufgaben, was zu Veränderungen bei den Stellenbeschreibungen und der möglichen Redundanz bestimmter Aufgaben führt. Andererseits eröffnet KI neue Wege für Innovation und Kreativität, was zum Entstehen neuer Berufsbilder führt, die eine einzigartige Reihe von Fähigkeiten rund um die KI-Technologie erfordern.

Gleichzeitig verändern sich die Qualifikationsanforderungen am Arbeitsplatz erheblich. Der Aufstieg der KI erfordert eine Belegschaft, die nicht nur technisch versiert, sondern auch anpassungsfähig ist und ständig lernt. Fähigkeiten wie KI-Kenntnisse, Datenanalyse und ein Verständnis für maschinelles Lernen werden immer wichtiger. Genauso wichtig sind Soft Skills wie kritisches Denken, Problemlösung und die Fähigkeit, mit KI-Systemen zusammenzuarbeiten.

Wir werden tiefer in diese Veränderungen eintauchen und untersuchen, wie KI die Arbeitsaufgaben in verschiedenen Branchen umgestaltet und welche neuen Fähigkeiten für Fachkräfte unverzichtbar werden. Unser Ziel ist es, ein umfassendes Verständnis der sich wandelnden Rolle der KI am Arbeitsplatz zu vermitteln und Einblicke zu geben, wie sich Einzelpersonen und Unternehmen an diese neue Ära der Arbeit anpassen und darin erfolgreich sein können.

Die Auswirkungen der KI auf traditionelle Berufsbilder sind in einer Vielzahl von Branchen zu beobachten. In Sektoren wie der Fertigung verändert die KI-gesteuerte Automatisierung die Art der Fabrikarbeit, indem sie den Bedarf an manueller Arbeit in bestimmten Prozessen reduziert und den Fokus auf qualifiziertere Aufgaben wie Maschinenüberwachung und Qualitätskontrolle verlagert. In Bereichen wie dem Kundenservice übernehmen KI-Chatbots und virtuelle Assistenten Routineanfragen und ermöglichen es menschlichen Mitarbeitern, sich auf komplexere Kundeninteraktionen zu konzentrieren, die Einfühlungsvermögen und differenziertes Verständnis erfordern.

Die Entstehung neuer, speziell durch die Integration von KI geschaffener Funktionen ist eine faszinierende Entwicklung. Dazu gehören Positionen wie KI-Trainer, die KI-Systemen beibringen, wie sie menschliche Interaktionen interpretieren und darauf reagieren können, und KI-Ethiker, die sicherstellen, dass KI-Lösungen auf ethische Weise entwickelt und umgesetzt werden. Datenwissenschaftler und Ingenieure für maschinelles Lernen, die mit der Entwicklung und Verfeinerung von KI-Algorithmen betraut sind, sind sehr gefragt.

Die durch die KI bewirkte Verschiebung der Aufgabenbereiche ist signifikant. KI ergänzt menschliche Fähigkeiten, indem sie Aufgaben automatisiert, die sich wiederholen und zeitaufwändig sind. Dadurch können sich menschliche Mitarbeiter auf Bereiche konzentrieren, in denen sie besonders gut sind, wie kreative Problemlösungen, strategische Planung und zwischenmenschliche Kommunikation. Diese komplementäre Beziehung zwischen KI und menschlichen Fähigkeiten führt zu kollaborativen Arbeitsumgebungen, in denen KI-Systeme und menschliche Mitarbeiter zusammenarbeiten, um Produktivität und Innovation zu steigern.

Der durch die Integration von KI bedingte Wandel der Berufsrollen ist vielschichtig. Während er Herausforderungen mit sich bringt, wie die Notwendigkeit einer Umschulung und die mögliche Verdrängung von Arbeitsplätzen in bestimmten Sektoren, eröffnet er auch neue Möglichkeiten für berufliches Wachstum und die Entwicklung innovativer Arbeitsmethoden. Im weiteren Verlauf dieses Kapitels werden wir diese Veränderungen genauer analysieren und Einblicke in die Art und Weise geben, wie sich die Arbeitskräfte an die sich entwickelnde Rolle der KI am Arbeitsplatz anpassen und von ihr profitieren können.

Die zunehmende Integration von künstlicher Intelligenz in die Arbeitswelt erfordert eine Veränderung der von Fachleuten in verschiedenen Branchen geforderten Fähigkeiten. Diese Integration revolutioniert nicht nur die Berufsrollen, sondern verändert auch die Kompetenzen, die für den Erfolg in einem KI-gesteuerten Arbeitsumfeld erforderlich sind.

Die Integration von KI in die Arbeitswelt hat eine wachsende Nachfrage nach technischen Fähigkeiten mit direktem Bezug zu KI und Datenkenntnissen geschaffen. Von Fachkräften wird heute ein grundlegendes Verständnis der Funktionsweise von KI-Systemen verlangt, einschließlich Kenntnissen über maschinelles Lernen, Datenanalyse und algorithmische Prozesse. In vielen Branchen wird die Fähigkeit, Erkenntnisse aus KI-generierten Daten zu interpretieren und zu nutzen, immer wichtiger. Marketingfachleute nutzen beispielsweise KI-gestützte

Datenanalysen, um das Kundenverhalten zu verstehen, während Finanzfachleute KI für Marktanalysen und Risikobewertungen einsetzen.

Es gibt eine deutliche Verschiebung hin zu fortgeschrittenen technischen Fähigkeiten in Bereichen wie KI-Programmierung, Entwicklung von Modellen für maschinelles Lernen und Data Engineering. Diese Fähigkeiten werden in Branchen, die stark auf KI angewiesen sind, wie z. B. Technik, Finanzen und Gesundheitswesen, immer wichtiger. Die Fähigkeit, KI-Systeme nicht nur zu nutzen, sondern auch zu entwickeln und zu verwalten, wird zu einer hochgeschätzten Qualifikation, die zu neuen Karrieremöglichkeiten und Jobrollen führt.

Über die technischen Fähigkeiten hinaus wird die Bedeutung von Soft Skills in einem KI-gesteuerten Arbeitsumfeld immer deutlicher. Da KI immer mehr Routine- und analytische Aufgaben übernimmt, sind Fähigkeiten wie kritisches Denken, Kreativität und Problemlösung wichtiger denn je. Diese Fähigkeiten ermöglichen es Fachleuten, die Fähigkeiten der KI zu ergänzen, indem sie Einblicke und Entscheidungen ermöglichen, die die KI nicht nachbilden kann.

Zwischenmenschliche Fähigkeiten wie Kommunikation, Zusammenarbeit und Einfühlungsvermögen gewinnen ebenfalls an Bedeutung. An einem Arbeitsplatz, an dem menschliche Mitarbeiter zunehmend mit KI-Systemen interagieren, ist die Fähigkeit zur effektiven Kommunikation und Zusammenarbeit mit der KI-Technologie von entscheidender Bedeutung. Da KI die Arbeitsaufgaben verändert, müssen sich die Fachkräfte anpassen, was ein hohes Maß an Flexibilität und die Bereitschaft zu kontinuierlichem Lernen und zur Weiterentwicklung erfordert.

Die Integration der künstlichen Intelligenz in die Arbeitswelt hat einen grundlegenden Wandel in der Landschaft der beruflichen Kompetenzen eingeleitet. In diesem Teil des Kapitels wird untersucht, wie sich diese Kompetenzen als Reaktion auf die KI entwickeln, wobei die Notwendigkeit eines ausgewogenen Kompetenzspektrums hervorgehoben wird, das technisches

Know-how mit anpassungsfähigen, menschenzentrierten Fähigkeiten kombiniert.

Da sich KI in vielen Branchen durchgesetzt hat, sind technische Kompetenzen im Zusammenhang mit KI und Datenwissenschaft zunehmend gefragt. Dazu gehören Fähigkeiten in den Bereichen Programmierung, maschinelles Lernen, Datenanalyse und Verständnis von KI-Algorithmen. Dieses technische Fachwissen ist für die Entwicklung, Verwaltung und effektive Nutzung von KI-Systemen unerlässlich. Fachleute in Bereichen von IT und Technik bis hin zu Marketing und Finanzen halten es zunehmend für notwendig, ein grundlegendes Verständnis dieser Technologien zu erwerben, um relevant und wettbewerbsfähig zu bleiben.

So sehr technische Fähigkeiten gefragt sind, so sehr wird auch der Wert von Anpassungsfähigkeiten erkannt. KI kann trotz ihrer fortschrittlichen Fähigkeiten die menschliche Kreativität, das strategische Denken und die Problemlösung nicht ersetzen. In dieser neuen Arbeitslandschaft wird die Fähigkeit, kreativ zu denken, innovative Lösungen zu entwickeln und komplexe Probleme zu lösen, immer wichtiger. Diese Fähigkeiten ermöglichen es Fachleuten, die KI als Werkzeug zur Verbesserung ihrer Arbeit zu nutzen, anstatt von ihr überschattet zu werden.

Das Gleichgewicht zwischen technischen Fähigkeiten und Soft Skills wie Kommunikation, Empathie und Teamwork ist wichtiger denn je. Da KI traditionelle Rollen verändert und neue schafft, müssen Fachleute sowohl mit KI-Systemen als auch mit ihren menschlichen Kollegen effektiv zusammenarbeiten. Die Fähigkeit, komplexe KI-Konzepte verständlich zu kommunizieren, sich in die Herausforderungen der Teammitglieder hineinzuversetzen und in verschiedenen Teams zusammenzuarbeiten, ist von entscheidender Bedeutung.

Die sich entwickelnde Landschaft der beruflichen Kompetenzen unterstreicht auch die Bedeutung einer kontinuierlichen Lernhaltung. Mit dem Fortschritt der KI-Technologien wird es immer wichtiger, mit den neuesten Entwicklungen Schritt zu halten und die eigenen Fähigkeiten anzupassen. Dazu gehört eine kontinuierliche Aus- und Weiterbildung, sei es durch formale Kurse, Workshops oder Selbststudium. Mit der zunehmenden Integration von künstlicher Intelligenz in die Arbeitswelt wird der Bedarf an innovativen Schulungsmethoden und Bildungsinitiativen zur Weiterbildung der Mitarbeiter immer wichtiger. Dieser Teil des Kapitels befasst sich mit verschiedenen Strategien und Programmen, die darauf abzielen, die Arbeitskräfte mit den notwendigen Fähigkeiten für eine KI-integrierte Arbeitsumgebung auszustatten.

Die Schulungsprogramme der Unternehmen stehen an vorderster Front dieser Qualifizierungsbemühungen. Viele Unternehmen entwickeln interne Schulungsmodule, die sich auf KI und digitale Kompetenz konzentrieren. Diese Programme sind auf die spezifischen Bedürfnisse des Unternehmens zugeschnitten und beinhalten oft praktische Lernerfahrungen. Sie decken eine Reihe von Themen ab, von grundlegenden KI-Konzepten und Datenkenntnissen bis hin zu fortgeschritteneren Themen wie maschinelles Lernen und KI-Anwendung in bestimmten Unternehmensfunktionen.

Online-Kurse und -Workshops bieten eine weitere Möglichkeit zur Kompetenzentwicklung. Es gibt eine Fülle von Online-Plattformen, die Kurse in KI, Data Science und verwandten Bereichen anbieten. Diese Kurse reichen von Einführungskursen bis hin zu Kursen für Fortgeschrittene, so dass sie für Mitarbeiter mit unterschiedlichen Vorkenntnissen zugänglich sind. Workshops, die oft interaktiver und zielgerichteter sind, bieten den Mitarbeitern die Möglichkeit, ihr Wissen in praktischen Szenarien und Problemlösungsübungen anzuwenden.

Partnerschaften zwischen Bildungseinrichtungen und Unternehmen spielen eine zentrale Rolle bei der Vorbereitung der künftigen Arbeitskräfte. Diese Kooperationen beinhalten oft die gemeinsame Entwicklung von Lehrplänen, die KI und Datenkompetenz einbeziehen und sicherstellen, dass die vermittelte Ausbildung relevant und auf den aktuellen

Arbeitsmarkt anwendbar ist. Praktikums- und Co-op-Programme, die Teil dieser Partnerschaften sind, bieten den Studierenden reale Erfahrungen in KI-integrierten Arbeitsumgebungen und überbrücken so die Kluft zwischen akademischem Lernen und beruflichen Anforderungen.

Mentorenprogramme in Unternehmen können den Wissenstransfer durch erfahrenere Mitarbeiter erleichtern, die über ein solides Verständnis von KI-Anwendungen im Geschäftskontext verfügen. Dieser Peer-to-Peer-Lernansatz kann besonders effektiv sein, wenn es darum geht, KI-Fähigkeiten in den Kontext spezifischer Jobrollen zu stellen. Eine Kombination aus unternehmenseigenen Schulungsprogrammen, Online-Schulungen, Workshops und Partnerschaften mit Bildungseinrichtungen bildet einen umfassenden Ansatz, um Mitarbeiter für einen KI-integrierten Arbeitsplatz zu qualifizieren. Bei der weiteren Erforschung dieses Themas wird die Bedeutung des kontinuierlichen Lernens und der Anpassungsfähigkeit hervorgehoben und es werden Einblicke in die Art und Weise gegeben, wie Unternehmen und Einzelpersonen in der sich entwickelnden Landschaft der beruflichen Kompetenzen im Zeitalter der KI navigieren können.

Die sich rasch entwickelnde Landschaft der künstlichen Intelligenz erfordert einen Paradigmenwechsel in der Art und Weise, wie sowohl Einzelpersonen als auch Unternehmen die Entwicklung von Fähigkeiten angehen. Kontinuierliches Lernen und Anpassungsfähigkeit sind nicht länger optional, sondern für den Erfolg in dieser KI-erweiterten Ära unerlässlich. In diesem Teil des Kapitels wird erörtert, wie wichtig es ist, eine Kultur des lebenslangen Lernens zu fördern, und welche Strategien Unternehmen anwenden können, um diese Einstellung zu kultivieren.

In einem KI-gesteuerten Arbeitsumfeld sind Technologien und bewährte Praktiken ständig im Wandel begriffen. Diese Dynamik der KI bedeutet, dass sich die Fähigkeiten und Kenntnisse, die heute relevant sind, morgen weiterentwickeln oder veralten sein können. Für Fachleute bedeutet dieses Umfeld, dass sie sich zu kontinuierlichem Lernen verpflichten müssen - ein fortlaufender Prozess der Entwicklung neuer Fähigkeiten und Kenntnisse, um mit den technologischen Fortschritten Schritt zu halten. Für Unternehmen geht es darum, ein Ökosystem zu schaffen, das dieses kontinuierliche Wachstum und diese Anpassung nicht nur fördert, sondern auch ermöglicht.

Eine wirksame Strategie für Unternehmen besteht darin, das Lernen in die Struktur ihrer Arbeitsplatzkultur zu integrieren. Dies kann durch das Angebot regelmäßiger Schulungen, Workshops und Seminare erreicht werden, die sich auf neue KI-Technologien und ihre Anwendungen in der Branche konzentrieren. Die Teilnahme an diesen Programmen kann durch Anerkennung, Belohnungen oder die Aufnahme in die Karriereplanung weiter gefördert werden. Eine weitere Schlüsselstrategie ist die Schaffung von Gelegenheiten zum Erfahrungslernen. Dazu können praktische Projekte mit KI-Anwendungen, Hackathons oder die Zusammenarbeit mit Technologieunternehmen bei realen Problemen gehören. Solche Erfahrungen ermöglichen es den Mitarbeitern, ihr theoretisches Wissen in der Praxis anzuwenden und so ihr Verständnis und ihre Fähigkeiten zu verbessern.

Unternehmen können in digitale Lernplattformen investieren, die eine Reihe von Kursen und Ressourcen zu KI und verwandten Bereichen anbieten. Diese Plattformen sollten zugänglich und flexibel sein, damit die Mitarbeiter in ihrem eigenen Tempo und entsprechend ihren persönlichen und beruflichen Verpflichtungen lernen können.

Mentorenprogramme innerhalb des Unternehmens können ebenfalls eine wichtige Rolle spielen. Indem man weniger erfahrene Mitarbeiter mit KI-erfahrenen Mentoren zusammenbringt, schafft man Möglichkeiten zum Wissenstransfer und zur praktischen Anleitung und fördert so eine Lerngemeinschaft am Arbeitsplatz. Die Führungsebene spielt eine entscheidende Rolle bei der Förderung einer Lernkultur. Führungskräfte, die ihr eigenes kontinuierliches Lernen in den Vordergrund stellen, sind ein starkes Vorbild für ihre Teams. Sie können sich auch für Maßnahmen zur Förderung von Bildung,

Kompetenzentwicklung und Innovation einsetzen und diese umsetzen.

Da sich die KI-Landschaft weiterhin rasant entwickelt, wird die Notwendigkeit eines kontinuierlichen Lernens und der Anpassungsfähigkeit immer wichtiger. Für den Einzelnen bedeutet dies eine Verpflichtung zu lebenslanger Weiterbildung. Für Unternehmen bedeutet es, ein Umfeld zu schaffen, das diese kontinuierliche Entwicklung unterstützt und fördert. Mit diesen Strategien können beide Seiten die Herausforderungen und Chancen der künstlichen Intelligenz meistern und ihre Bereitschaft und Relevanz für die Zukunft der Arbeit sicherstellen.

Bei der Erforschung des Kompetenzwandels, der durch die Integration von künstlicher Intelligenz am Arbeitsplatz erforderlich ist, bieten Beispiele aus der Praxis wertvolle Einblicke. In diesen Fallbeispielen werden Unternehmen vorgestellt, die den durch KI bedingten Kompetenzwandel erfolgreich bewältigt haben, und es werden Lektionen und bewährte Verfahren vorgestellt, die auf breiter Basis angewendet werden können.

Ein bemerkenswertes Beispiel ist ein globales Technologieunternehmen, das ein umfassendes KI-Schulungsprogramm für seine Mitarbeiter durchgeführt hat. Das Unternehmen erkannte den Wandel hin zu KI-gesteuerten Prozessen und startete eine Initiative zur Weiterbildung seiner Mitarbeiter, die eine Mischung aus internen Schulungen, Online-Kursen und gemeinschaftlichen Lernmöglichkeiten bot. Dieser Ansatz verbesserte nicht nur die technischen Fähigkeiten der Mitarbeiter im Bereich KI, sondern förderte auch eine Kultur des kontinuierlichen Lernens innerhalb des Unternehmens.

In einem anderen Fall geht es um ein Finanzdienstleistungsunternehmen, das KI zur Verbesserung der Datenanalyse und des Kundendienstes in seine Abläufe integriert hat. Um sich an diesen Wandel anzupassen, führte das Unternehmen ein strukturiertes Schulungsprogramm ein, das sich auf Datenkompetenz und KI-Anwendungen im Finanzwesen konzentrierte. Das Programm war so konzipiert, dass es Mitarbeiter mit unterschiedlichen technischen Kenntnissen ansprach. Das Unternehmen förderte auch eine kollaborative Lernumgebung, in der die Mitarbeiter Einblicke und Anwendungen von KI in ihrer Arbeit austauschen konnten, was zu einem stärkeren Zusammenhalt und einer KI-kompetenten Belegschaft führte.

Ein weiteres überzeugendes Beispiel liefert eine Organisation im Gesundheitswesen. Mit der Einführung von KI für die Analyse von Patientendaten und Diagnoseverfahren stand die Organisation vor der Herausforderung, ihr Personal auf diese neuen Technologien einzustellen. Sie reagierte darauf, indem sie mit Bildungseinrichtungen zusammenarbeitete, um maßgeschneiderte Schulungsprogramme für ihre medizinischen Fachkräfte zu entwickeln. Diese Programme kombinierten theoretisches Wissen über KI mit praktischen Anwendungen im Gesundheitswesen, um sicherzustellen, dass die Mitarbeiter KI effektiv in ihre Praxis integrieren können.

Aus diesen Fallbeispielen lassen sich mehrere Lehren und bewährte Verfahren ableiten:

1. Maßgeschneiderte Trainingsprogramme: Erfolgreiche Initiativen zur Umstellung von Fähigkeiten sind oft diejenigen, die auf die spezifischen Bedürfnisse des Unternehmens und seiner Mitarbeiter zugeschnitten sind.

2. Eingliederung und Zugänglichkeit: Die Sicherstellung, dass Schulungs- und Weiterbildungsprogramme für Mitarbeiter auf allen technischen Niveaus zugänglich sind, fördert die breite Einführung und Integration von KI.

3. Kollaborative Lernumgebungen: Die Förderung einer Kultur, in der Mitarbeiter Wissen und Erkenntnisse über KI-Anwendungen austauschen können, verbessert das Lernen und fördert Innovationen.

4. Engagement der Führung: Die aktive Unterstützung und Beteiligung der Führungsebene ist für den Erfolg von Initiativen zur Umstellung von Fähigkeiten entscheidend.

5. Partnerschaften mit Bildungsinstitutionen: Die Zusammenarbeit mit Universitäten oder Schulungsanbietern kann wertvolle Fachkenntnisse und Ressourcen in die Schulungsprogramme einer Organisation einbringen.

Diese Fallbeispiele zeigen, dass Unternehmen mit durchdachten Strategien und Engagement den durch KI ausgelösten Qualifikationswandel effektiv bewältigen können. Indem sie von diesen Beispielen lernen, können andere Unternehmen ihre eigenen Ansätze für den Qualifikationswandel entwickeln und sicherstellen, dass ihre Belegschaft für ein erfolgreiches Leben in einem KI-integrierten Arbeitsumfeld gerüstet ist.

In diesem Kapitel wurde der erhebliche Wandel der beruflichen Kompetenzen hervorgehoben, der durch den Aufstieg der künstlichen Intelligenz erforderlich wird. Wir haben beobachtet, wie sich traditionelle Berufsrollen entwickeln, wobei die KI Routineaufgaben automatisiert und neue Möglichkeiten für menschliche Kreativität und strategisches Denken schafft. Das Entstehen völlig neuer Berufsrollen, die speziell auf die Integration von KI zugeschnitten sind, markiert einen bedeutenden Wandel in der Berufslandschaft.

Wir haben die wachsende Nachfrage nach einer doppelten Qualifikation untersucht, bei der technische Kenntnisse in den Bereichen KI und Datenkompetenz ebenso wichtig sind wie adaptive Fähigkeiten wie Problemlösung und kritisches Denken. Das Kapitel untersuchte auch innovative Strategien für die Weiter- und Neuqualifizierung von Mitarbeitern und betonte die Notwendigkeit des kontinuierlichen Lernens in einer KI-gesteuerten Arbeitsumgebung. Anhand von Beispielen aus der Praxis haben wir wertvolle Erkenntnisse und Best Practices gesammelt, die Unternehmen umgesetzt haben, um diesen Kompetenzwandel erfolgreich zu meistern.

Beim Übergang zum nächsten Kapitel verlagert sich der Schwerpunkt von der Veränderung der beruflichen Rollen und Fähigkeiten auf die ethischen Überlegungen zur Integration von KI am Arbeitsplatz. Das nächste Kapitel befasst sich mit den entscheidenden Fragen des ethischen Einsatzes von KI, einschließlich der Herausforderungen des Datenschutzes, potenzieller Verzerrungen in KI-Algorithmen und der Balance zwischen technologischem Fortschritt und ethischer Verantwortung. Wir werden untersuchen, wie Unternehmen ethische Rahmenbedingungen und Strategien entwickeln können, um sicherzustellen, dass KI nicht nur effizient und innovativ, sondern auch verantwortungsvoll und im Einklang mit gesellschaftlichen Werten eingesetzt wird. Das kommende Kapitel soll ein umfassendes Verständnis der ethischen Dimensionen von KI am Arbeitsplatz vermitteln - ein Thema, das immer wichtiger wird, je mehr KI in unser berufliches und privates Leben Einzug hält.

Kapitel 3: Ethische Überlegungen zur KI

Wir wenden uns nun der Erkundung des komplexen und zunehmend kritischen Bereichs der ethischen Überlegungen zur künstlichen Intelligenz zu. Zu Beginn dieses Kapitels wird ein breiter Überblick über die ethische Landschaft gegeben, die sich parallel zu den rasanten Fortschritten in der KI-Technologie herausgebildet hat. Die Überschneidung von KI mit verschiedenen Aspekten des beruflichen und persönlichen Lebens hat eine Reihe von ethischen Dilemmata und Überlegungen in den Vordergrund gerückt, die unsere Aufmerksamkeit und sorgfältige Analyse erfordern.

Die ethischen Herausforderungen der KI sind so vielfältig wie die Anwendungen der Technologie selbst. Sie umfassen Fragen des Datenschutzes, der Voreingenommenheit, der Verantwortlichkeit, der Transparenz und der allgemeinen Auswirkungen der KI auf die Gesellschaft und das menschliche Wohlergehen. Je leistungsfähiger KI-Systeme werden und je mehr wichtige Entscheidungen und Aufgaben sie übernehmen, desto ausgeprägter und komplexer werden die ethischen Implikationen ihrer Entwicklung und Anwendung.

Die Anerkennung der Bedeutung der Ethik in der KI ist von entscheidender Bedeutung, nicht nur für die nachhaltige und verantwortungsvolle Entwicklung der Technologie, sondern auch für die Aufrechterhaltung des öffentlichen Vertrauens und der gesellschaftlichen Lizenz zum Handeln. Bei der ethischen Entwicklung und Anwendung von KI muss sichergestellt werden, dass KI-Systeme nicht versehentlich Vorurteile aufrechterhalten, in die Privatsphäre eindringen oder unverantwortliche Entscheidungen mit weitreichenden Folgen treffen. Es geht auch darum, die breiteren gesellschaftlichen Auswirkungen zu berücksichtigen, wie etwa die potenziellen Auswirkungen auf Beschäftigung, Gerechtigkeit und soziale Dynamik.

Dieses Kapitel befasst sich eingehend mit diesen ethischen Überlegungen und untersucht die damit verbundenen Herausforderungen sowie die Strategien, die zu ihrer Bewältigung entwickelt werden. Indem wir ein klares Verständnis der ethischen Landschaft im Bereich der KI schaffen, legen wir den Grundstein für eine Diskussion, die in einer Welt, in der KI zu einem integralen Bestandteil unserer Arbeit und unseres Lebens wird, zunehmend relevant und notwendig ist.

KI-Voreingenommenheit bezieht sich auf die Tendenz von KI-Systemen, aufgrund falscher Annahmen im maschinellen Lernprozess systematisch voreingenommene Ergebnisse zu erzielen. Diese Voreingenommenheit kann sich in verschiedenen Formen manifestieren, darunter Datenverzerrung, algorithmische Voreingenommenheit und gesellschaftliche Voreingenommenheit. Datenverzerrungen treten auf, wenn die zum Trainieren von KI-Algorithmen verwendeten Datensätze nicht repräsentativ für die breite Bevölkerung oder die Realität sind, was zu verzerrten Ergebnissen führt. Algorithmische Voreingenommenheit ergibt sich aus der Art und Weise, wie Algorithmen entwickelt werden, und den ihnen innewohnenden Vorurteilen, die sie enthalten können. Gesellschaftliche Voreingenommenheit spiegelt bestehende gesellschaftliche Vorurteile und Stereotypen wider, die versehentlich in KI-Systemen kodiert werden können.

Die Einführung von Verzerrungen in KI-Algorithmen ist oft auf die Daten zurückzuführen, die zum Training dieser Systeme verwendet werden. Da KI-Algorithmen lernen, Entscheidungen auf der Grundlage der Daten zu treffen, mit denen sie gefüttert werden, spiegeln sich alle inhärenten Verzerrungen in den Daten wahrscheinlich im Verhalten der KI wider. Wenn ein KI-System beispielsweise mit historischen Einstellungsdaten trainiert wurde, die geschlechtsspezifische Verzerrungen enthalten, kann es diese Verzerrungen bei der Auswahl von Bewerbern wiederholen.

Die Auswirkungen von KI-Voreingenommenheit sind weitreichend und können in Bereichen wie Beschäftigung, Finanzen und Strafjustiz erhebliche Folgen haben. In der Arbeitswelt kann KI-Voreingenommenheit zu unfairen Auswahlverfahren führen, bei denen Bewerber auf der Grundlage voreingenommener Kriterien bewertet werden. Im Finanzwesen können KI-Systeme, die zur Kreditwürdigkeitsprüfung oder Kreditvergabe eingesetzt werden, bestimmte demografische Gruppen benachteiligen. In der Strafjustiz können KI-Tools, die für die vorausschauende Polizeiarbeit oder die Bewertung des Strafmaßes eingesetzt werden, rassistische Vorurteile aufrechterhalten und so die Fairness von Gerichtsverfahren beeinträchtigen.

Eine bemerkenswerte Fallstudie, die die realen Auswirkungen von KI-Voreingenommenheit veranschaulicht, betraf ein KI-Recruiting-Tool, das von einem Technologieunternehmen eingesetzt wurde. Es stellte sich heraus, dass das Tool gegenüber weiblichen Bewerbern voreingenommen war, da es auf Lebensläufen trainiert wurde, die über ein Jahrzehnt hinweg eingereicht wurden und die meisten davon von Männern stammten. Dies führte dazu, dass das KI-System männliche Bewerber gegenüber gleich oder besser qualifizierten weiblichen Bewerbern bevorzugte. Das Unternehmen musste das Tool aufgeben und seine Herangehensweise an KI in Einstellungsprozessen neu überdenken.

Diese und andere Fallstudien verdeutlichen, wie wichtig Wachsamkeit, kontinuierliche Überwachung und Korrekturmaßnahmen sind, um KI-Voreingenommenheit abzuschwächen. Der Umgang mit KI-Voreingenommenheit erfordert einen vielschichtigen Ansatz, einschließlich der Diversifizierung von Trainingsdaten, der Entwicklung von Algorithmen mit Blick auf Fairness und der Implementierung von Überwachungsmechanismen zur Überwachung und Korrektur voreingenommener Ergebnisse. Da KI weiterhin verschiedene Aspekte unseres Lebens durchdringt, wird der ethische Imperativ, KI-Voreingenommenheit frontal anzugehen, immer wichtiger, um sicherzustellen, dass KI-Systeme fair, gleichberechtigt und gerecht sind.

Die Herausforderung der KI-Verzerrung ist nicht unüberwindbar. Es gibt wirksame Strategien und Ansätze, die eingesetzt werden können, um Verzerrungen in KI-Systemen zu erkennen und zu verringern. In diesem Abschnitt des Kapitels werden diese Strategien untersucht, wobei die Bedeutung von Datenvielfalt, algorithmischer Transparenz und ethischer Datenerfassung und -verarbeitung hervorgehoben wird.

Strategien zur Erkennung und Verringerung von Verzerrungen in KI-Systemen

Der erste Schritt bei der Bekämpfung von KI-Voreingenommenheit ist ihre Identifizierung. Dazu gehört eine gründliche Analyse der KI-Systeme, um verzerrte Ergebnisse oder diskriminierende Muster zu erkennen. Ein wirksamer Ansatz besteht darin, KI-Algorithmen und die von ihnen erzeugten Ergebnisse regelmäßig zu überprüfen und nach Diskrepanzen zu suchen, die auf Voreingenommenheit hindeuten könnten. Eine andere Strategie besteht darin, im Rahmen des KI-Entwicklungsprozesses "Bias-Testing"-Protokolle zu implementieren, bei denen KI-Systeme absichtlich verschiedenen Szenarien ausgesetzt werden, um zu prüfen, ob sie verzerrt reagieren.

Sobald eine Verzerrung festgestellt wird, können Schritte unternommen werden, um sie zu verringern. Eine Methode besteht darin, KI-Algorithmen mit vielfältigeren und repräsentativeren Datensätzen zu verfeinern oder neu zu trainieren. Dies hilft bei der Verringerung von Datenverzerrungen und stellt sicher, dass das KI-System auf einer breiten und umfassenden Palette von Dateneingaben lernt. In einigen Fällen kann es notwendig sein, den Algorithmus selbst neu zu gestalten, insbesondere wenn die Verzerrung tief in die Art und Weise, wie der Algorithmus Daten verarbeitet, eingearbeitet ist.

Die Rolle der Datenvielfalt und der algorithmischen Transparenz

Datenvielfalt spielt eine entscheidende Rolle bei der Bekämpfung von KI-Voreingenommenheit. Vielfältige Datensätze, die die Vielfalt der realen Welt genau widerspiegeln, können beim Training von KI-Systemen helfen, die fair und unvoreingenommen sind. Dazu gehört nicht nur die Einbeziehung von Daten aus verschiedenen demografischen Gruppen, sondern auch die Sicherstellung, dass eine Vielzahl von Standpunkten und Szenarien vertreten sind.

Ein weiterer Schlüsselfaktor ist die Transparenz der Algorithmen. KI-Algorithmen transparent und verständlich zu machen, hilft bei der Ermittlung potenzieller Quellen von Verzerrungen. Dazu gehört, dass klar dokumentiert wird, wie Algorithmen entworfen werden, wie sie Entscheidungen treffen und auf welcher Art von Daten sie trainiert werden. Diese Transparenz ist sowohl für Entwickler als auch für Endnutzer von entscheidender Bedeutung, da sie eine genauere Prüfung und ein besseres Verständnis der KI-Entscheidungsprozesse ermöglicht.

Ethische Erwägungen bei der Datenerhebung und -verarbeitung

Eine ethische Datenerhebung und -verarbeitung ist für die Gewährleistung einer fairen KI von größter Bedeutung. Dies bedeutet, dass Daten auf faire und legale Weise erhoben werden, dass die Rechte auf Privatsphäre respektiert werden und dass, wo nötig, eine Einwilligung eingeholt wird. Dazu gehört auch, sich bewusst zu machen, dass Daten möglicherweise bestehende gesellschaftliche Vorurteile widerspiegeln, und Maßnahmen zu ergreifen, um diese Vorurteile zu berücksichtigen und ihnen entgegenzuwirken.

Zur ethischen Verarbeitung von Daten gehört auch, dass man auf die Art und Weise achtet, wie Daten zum Trainieren von KI verwendet werden. Dies bedeutet nicht nur, dass Daten verwendet werden, die repräsentativ und vielfältig sind, sondern auch, dass man sich des Kontexts bewusst ist, in dem die Daten gesammelt und verwendet werden, um sicherzustellen, dass sie keine schädlichen Stereotypen oder Ungleichheiten aufrechterhalten.

Der Umgang mit und die Abschwächung von KI-Voreingenommenheit ist ein vielschichtiges Unterfangen, das sorgfältige Aufmerksamkeit für die Art und Weise erfordert, wie KI-Systeme entwickelt, trainiert und eingesetzt werden. Durch Strategien wie regelmäßige Audits, Bias-Tests, Datenvielfalt, algorithmische Transparenz und ethische Datenpraktiken ist es möglich, die Auswirkungen von Vorurteilen in KI-Systemen zu verringern. In Zukunft werden diese Strategien entscheidend dazu beitragen, dass KI-Technologien auf faire, gerechte und ausgewogene Weise eingesetzt werden.

In der sich entwickelnden Landschaft der künstlichen Intelligenz stellt die Interaktion zwischen der KI-Entscheidungsfindung und der menschlichen Intuition eine faszinierende Dynamik dar. Dieser Abschnitt des Kapitels befasst sich mit der Komplexität der Integration von KI in Entscheidungsprozesse, dem Gleichgewicht von Nutzen und Herausforderungen, das diese Integration mit sich bringt, und der entscheidenden Rolle der menschlichen Aufsicht in KI-gesteuerten Umgebungen.

Die Dynamik zwischen KI-Entscheidungsfindung und menschlicher Intuition

Die Zusammenarbeit zwischen KI und Menschen in Entscheidungsprozessen ist durch eine Mischung aus rechnerischer Effizienz und menschlicher Einsicht gekennzeichnet. KI-Systeme sind hervorragend in der Lage, große Datenmengen zu verarbeiten, Muster zu erkennen und Vorhersagen auf der Grundlage statistischer Wahrscheinlichkeiten zu treffen. Allerdings fehlt ihnen oft das nuancierte Verständnis und die emotionale Intelligenz, die der menschlichen Intuition eigen sind. Menschliche Entscheidungsträger hingegen können Zusammenhänge interpretieren, Feinheiten verstehen und ethische und moralische Überlegungen anstellen, was KI-Systeme nicht können. Diese Synergie aus den analytischen Fähigkeiten der KI und der menschlichen Intuition kann zu einer fundierteren, ausgewogeneren und umfassenderen Entscheidungsfindung führen.

Vorteile und Herausforderungen der KI-Integration in die Entscheidungsfindung

Die Integration von KI in Entscheidungsprozesse bietet zahlreiche Vorteile. Sie kann die Effizienz steigern, die Wahrscheinlichkeit menschlicher Fehler verringern und datengestützte Erkenntnisse liefern, die für Menschen ohne Hilfe schwer zu erkennen wären. In Bereichen wie dem Gesundheitswesen kann KI bei der Diagnose von Krankheiten helfen, indem medizinische Bilder präzise analysiert werden. In der Wirtschaft können KI-gesteuerte Analysen strategische Entscheidungen unterstützen, indem sie einen umfassenden Überblick über Markttrends bieten.

Diese Integration ist nicht ohne Herausforderungen. Ein übermäßiges Vertrauen in KI kann zu Selbstgefälligkeit führen, wenn die menschliche Rolle bei der Entscheidungsfindung unterbewertet wird. Es besteht auch das Risiko einer algorithmischen Intransparenz, bei der die Entscheidungsträger nicht vollständig verstehen, wie die KI zu ihren Schlussfolgerungen gekommen ist, was es schwierig macht, die Zuverlässigkeit ihrer Empfehlungen zu bewerten. Außerdem können KI-Systeme manchmal Fehler machen oder mit Vorurteilen arbeiten, wie in den vorherigen Abschnitten beschrieben.

Die Rolle der menschlichen Aufsicht in KI-gesteuerten Umgebungen

Die menschliche Aufsicht in KI-gesteuerten Umgebungen ist entscheidend, um sicherzustellen, dass KI-Systeme wie beabsichtigt funktionieren und ethische Standards eingehalten werden. Dazu gehört, dass der Mensch die KI-Entscheidungen überwacht, die Gründe für diese Entscheidungen versteht und bei Bedarf eingreift. Diese Aufsicht stellt sicher, dass KI-Systeme mit den Unternehmenszielen und ethischen Normen in Einklang stehen.

Die Einbeziehung menschlicher Aufsicht bedeutet auch, dass KI-Empfehlungen kritisch bewertet und nicht blindlings akzeptiert werden. Dies könnte einen multidisziplinären Ansatz beinhalten, bei dem Experten aus verschiedenen Bereichen zusammenarbeiten, um KI-Ergebnisse zu interpretieren und sie angemessen anzuwenden.

Die Zusammenarbeit zwischen KI und menschlicher Entscheidungsfindung ist ein heikles Gleichgewicht, das sorgfältig gesteuert werden muss. Während KI Entscheidungsprozesse erheblich verbessern kann, sind menschliche Aufsicht und Intuition unerlässlich, um sicherzustellen, dass diese Prozesse effektiv und ethisch vertretbar bleiben und mit den allgemeinen menschlichen Werten in Einklang stehen. Diese Zusammenarbeit zu verstehen und zu steuern, wird der Schlüssel sein, um das volle Potenzial der KI in verschiedenen Bereichen auszuschöpfen.

Während wir die ethischen Aspekte der KI am Arbeitsplatz untersuchen, wird die Entwicklung und Einhaltung robuster ethischer Rahmenwerke von größter Bedeutung. Dieser Abschnitt des Kapitels befasst sich mit der Erstellung von Richtlinien für den ethischen Einsatz von KI, untersucht bestehende Rahmenwerke und Standards und erforscht die Rolle von Governance- und Regulierungsbehörden bei der Gestaltung dieser Ethik.

Entwicklung von Richtlinien für die ethische Nutzung von AI am Arbeitsplatz
Die Erstellung von Richtlinien für die ethische Nutzung von KI beinhaltet die Festlegung klarer Prinzipien, die regeln, wie KI entwickelt, eingesetzt und am Arbeitsplatz genutzt wird. Diese Richtlinien umfassen in der Regel Themen wie Fairness, Transparenz, Verantwortlichkeit und Datenschutz. Sie dienen als Grundlage, um sicherzustellen, dass KI nicht nur effizient und effektiv, sondern auch ethisch und verantwortungsvoll eingesetzt wird.

Fairness in der KI bedeutet zum Beispiel sicherzustellen, dass KI-Systeme keine Vorurteile aufrechterhalten oder verstärken. Transparenz bezieht sich auf die Art und Weise, wie KI-

Entscheidungen getroffen werden, und auf die Fähigkeit, diese Entscheidungen in verständlicher Form zu erklären. Die Rechenschaftspflicht betrifft die Frage, wer für die Entscheidungen der KI verantwortlich ist, insbesondere in Fällen, in denen diese Entscheidungen erhebliche Konsequenzen haben. Zum Datenschutz gehört die Frage, wie die von der KI verwendeten Daten erfasst, gespeichert und verarbeitet werden.

Erörterung bestehender ethischer Rahmen und Normen für KI

Es gibt mehrere bestehende ethische Rahmenwerke und Standards für KI, an denen sich Organisationen orientieren können, wenn sie ihre eigenen Richtlinien entwickeln. Dazu gehören die Ethik-Leitlinien für vertrauenswürdige KI der Europäischen Kommission, die sieben Schlüsselanforderungen für vertrauenswürdige KI, einschließlich menschlicher Aufsicht und technischer Robustheit, umreißen. Auch die IEEE Global Initiative on Ethics of Autonomous and Intelligent Systems bietet umfassende Standards und Empfehlungen für ein ethisch ausgerichtetes KI-Design.

Diese Rahmenwerke bieten wertvolle Einblicke und dienen als Bezugspunkt für Organisationen, die sich mit den ethischen Dimensionen der KI-Nutzung auseinandersetzen wollen. Sie heben allgemeine Bedenken und bewährte Verfahren hervor und bieten einen Ausgangspunkt für die Ausarbeitung maßgeschneiderter ethischer Richtlinien.

Die Rolle von Governance und Regulierungsbehörden bei der Gestaltung der KI-Ethik

Governance- und Regulierungsstellen spielen eine entscheidende Rolle bei der Gestaltung der ethischen Landschaft der KI. Sie legen den rechtlichen und regulatorischen Rahmen fest, innerhalb dessen KI operiert, und stellen sicher, dass es Standards und Mechanismen zur Rechenschaftspflicht gibt. Ihre Aufgabe besteht nicht nur darin, die Einhaltung der Vorschriften durchzusetzen, sondern auch die Entwicklung der KI in eine Richtung zu lenken, die mit den gesellschaftlichen Werten und Normen übereinstimmt.

Regulierungsbehörden können die Diskussion über KI-Ethik auch vorantreiben, indem sie Interessenvertreter aus verschiedenen Sektoren zusammenbringen, um ethische Herausforderungen zu diskutieren und anzugehen. Diese Zusammenarbeit kann zur Entwicklung umfassenderer und praktischerer Leitlinien führen, die sich an die sich verändernde Natur der KI-Technologien anpassen lassen.

Die Entwicklung eines ethischen Rahmens für den Einsatz von KI ist ein entscheidender Schritt, um sicherzustellen, dass der Nutzen von KI maximiert und gleichzeitig mögliche Schäden minimiert werden. Indem sie auf bestehende Rahmenwerke und Standards zurückgreifen und sich mit Governance- und Regulierungsbehörden zusammenschließen, können Unternehmen eine solide Grundlage für den ethischen Einsatz von KI schaffen. Während wir die vielfältigen Aspekte von KI am Arbeitsplatz weiter erforschen, werden diese ethischen Überlegungen ein zentrales Thema bleiben, das die Integration und Nutzung von KI im beruflichen Umfeld bestimmt.

Die Förderung einer ethischen KI-Kultur in Unternehmen ist ein vielschichtiges Unterfangen, das über die Festlegung von Richtlinien und Grundsätzen hinausgeht. Es geht darum, ethisches Bewusstsein und ethische Praktiken in die Struktur der Unternehmenskultur einzubringen. Eine wirksame Strategie, um dies zu erreichen, sind umfassende Schulungs- und Sensibilisierungsprogramme für Mitarbeiter, die sich auf die KI-Ethik konzentrieren. Diese Programme sollten darauf abzielen, die Mitarbeiter über die Bedeutung ethischer Erwägungen in der KI aufzuklären, einschließlich Fairness, Transparenz, Datenschutz und Verantwortlichkeit. Sie können in Form von Workshops, Seminaren oder E-Learning-Kursen strukturiert werden, die reale Szenarien und ethische Dilemmas behandeln, die bei der Nutzung von KI auftreten können.

Neben formellen Schulungsprogrammen ist es wichtig, ein Umfeld zu schaffen, das den offenen Dialog über KI-Ethik fördert. Dies kann durch regelmäßige Treffen, Foren oder Diskussionen erleichtert werden, in denen Mitarbeiter ihre Erfahrungen, Bedenken und Erkenntnisse über KI-Anwendungen austauschen können. Solche Plattformen verbessern nicht nur das Verständnis, sondern fördern auch eine Kultur der kollektiven Verantwortung und des proaktiven ethischen Verhaltens beim Einsatz von KI.

Die Führung spielt eine entscheidende Rolle bei der Kultivierung einer ethischen KI-Kultur. Führungskräfte müssen mit gutem Beispiel vorangehen und sich bei ihren Entscheidungen und Tätigkeiten für ethische KI-Praktiken einsetzen. Sie können sich auch für Initiativen einsetzen, die den ethischen Einsatz von KI fördern und sicherstellen, dass ethische Überlegungen ein wesentlicher Bestandteil von KI-bezogenen Projekten und Strategien sind.

Die Förderung einer ethischen KI-Kultur erfordert einen proaktiven und umfassenden Ansatz, der die Schulung der Mitarbeiter, die Förderung offener Diskussionen und die Festlegung des Tons auf Führungsebene beinhaltet. Diese Kultur ist von grundlegender Bedeutung, um sicherzustellen, dass KI in Unternehmen verantwortungsvoll und nutzbringend eingesetzt wird.

Mit Blick auf die Zukunft der künstlichen Intelligenz ist es unerlässlich, sich auf die ethischen Herausforderungen vorzubereiten, die in der sich ständig weiterentwickelnden KI-Landschaft auf uns zukommen. Die Antizipation dieser zukünftigen Dilemmata erfordert einen proaktiven Ansatz, der das rasante Tempo der Entwicklung von KI-Technologien und ihren Anwendungen berücksichtigt. Ethische Herausforderungen, die sich in der Zukunft ergeben könnten, ergeben sich aus den Fortschritten bei den KI-Fähigkeiten, wie z. B. einer größeren Autonomie bei Entscheidungsprozessen oder der Integration von KI in persönlichere Aspekte des menschlichen Lebens.

Die Bedeutung einer kontinuierlichen ethischen Bewertung und Anpassung der KI-Praktiken kann gar nicht hoch genug eingeschätzt werden. Je komplexer KI-Systeme werden und je mehr sie in verschiedenen Sektoren Einzug halten, desto komplizierter werden auch die ethischen Überlegungen, die sie umgeben. Es ist wichtig, dass Unternehmen nicht nur anfängliche ethische Richtlinien aufstellen, sondern sich auch zu einer laufenden Bewertung und Aktualisierung dieser Standards verpflichten. Dieser dynamische Ansatz gewährleistet, dass ethische Praktiken mit dem technologischen Fortschritt und den sich ändernden gesellschaftlichen Normen Schritt halten.

Zu dieser ständigen ethischen Wachsamkeit gehört es, die KI-Richtlinien regelmäßig zu überprüfen und zu aktualisieren, sich über die neuesten Entwicklungen in der KI-Technologie und Ethik zu informieren und einen offenen Dialog mit den Beteiligten über ethische Bedenken zu führen. Dazu gehört auch die aktive Überwachung von KI-Systemen auf unbeabsichtigte Verzerrungen oder Folgen und die Bereitschaft, diese Systeme bei Bedarf zu ändern.

Unternehmen sollten eine Kultur des ethischen Bewusstseins fördern, in der die Mitarbeiter ermutigt werden, kritisch über die Auswirkungen ihrer Arbeit mit KI nachzudenken und sich ermächtigt fühlen, ethische Bedenken vorzubringen. Diese Kultur kann durch kontinuierliche Aus- und Weiterbildung sowie durch eine Führung unterstützt werden, die ethischen Überlegungen bei allen KI-bezogenen Initiativen Priorität einräumt.

Die Vorbereitung auf künftige ethische Herausforderungen der KI ist ein dynamischer und kontinuierlicher Prozess. Er erfordert, dass Unternehmen agil und reaktionsschnell bleiben und sicherstellen, dass ihr Einsatz von KI nicht nur technologisch fortschrittlich ist, sondern auch ethisch vertretbar und mit breiteren gesellschaftlichen Werten vereinbar ist. Diese proaktive Haltung ist der Schlüssel, um sich auf dem komplexen ethischen Terrain der zukünftigen KI-Landschaft zurechtzufinden.

Zum Abschluss der Diskussion über die KI-Ethik haben wir eine Landschaft durchquert, die reich an komplexen Herausforderungen und Überlegungen ist. Dieses Kapitel hat die Vielschichtigkeit ethischer Fragen in der KI beleuchtet, von den inhärenten Verzerrungen in Algorithmen bis hin zum dynamischen Zusammenspiel zwischen KI-Entscheidungen und menschlicher Intuition. Wir haben die Strategien für den Umgang mit und die Abschwächung von KI-Voreingenommenheit, die Bedeutung der Förderung einer ethischen KI-Kultur in Unternehmen und die Notwendigkeit der Vorbereitung auf zukünftige ethische Herausforderungen untersucht.

Die ethischen Überlegungen zur KI sind nicht nur theoretischer Natur, sondern sind eng mit den praktischen Aspekten der Entwicklung, Implementierung und Verwaltung von KI in der realen Welt verwoben. Da KI weiterhin verschiedene Aspekte unseres beruflichen und privaten Lebens durchdringt, kann die Bedeutung ethischer Wachsamkeit nicht hoch genug eingeschätzt werden. Diese Verantwortung erstreckt sich nicht nur auf Technologen und Datenwissenschaftler, sondern auf alle Akteure im KI-Ökosystem.

Als Nächstes werden wir unseren Fokus von den theoretischen und ethischen Aspekten auf reale Anwendungen und Auswirkungen verlagern. Das nächste Kapitel befasst sich mit Fallstudien zur Integration von KI in verschiedenen Branchen. Diese Geschichten liefern greifbare Beispiele dafür, wie KI angewendet wird, welche Herausforderungen sich stellen und welche innovativen Lösungen entwickelt wurden. Anhand dieser Fallstudien werden wir Einblicke in die praktischen Aspekte der KI-Integration gewinnen und von den Erfolgen und Rückschlägen lernen, die Unternehmen an der vordersten Front der KI-Einführung erleben. Ziel dieser Untersuchung ist es, einen umfassenden Überblick über KI in der Praxis zu geben und wertvolle Lektionen und Best Practices anzubieten, die Unternehmen auf ihrem Weg zur KI begleiten können.

Kapitel 4: Fallstudien zur KI-Integration

Sind Sie bereit, sich mit der praktischen Seite der KI-Integration zu befassen und ihre weit verbreitete Anwendung in verschiedenen Branchen zu erkunden? In diesem Kapitel werden die zuvor besprochenen Konzepte und ethischen Überlegungen anhand von realen Anwendungen und Erfahrungen zum Leben erweckt. Die Landschaft der KI-Integration ist riesig und vielfältig und berührt fast jeden Sektor in irgendeiner Form, vom Gesundheitswesen und Finanzwesen bis hin zu Fertigung und Einzelhandel.

Wir schaffen die Voraussetzungen für einen tiefen Einblick in ein breites Spektrum an branchenspezifischen KI-Anwendungen. Jede Branche hat ihre eigenen Herausforderungen und Chancen für die KI-Integration, die die verwendeten Tools und Technologien prägen. Im Gesundheitswesen beispielsweise revolutioniert KI die Patientenversorgung und die medizinische Forschung, während sie im Finanzwesen die Herangehensweise von Anlagestrategien bis hin zur Betrugserkennung umgestaltet. In der Fertigung optimiert KI die Produktionsprozesse, und im Einzelhandel verändert KI das Kundenerlebnis.

Diese branchenspezifischen Anwendungen von KI verändern nicht nur betriebliche Abläufe, sondern verändern auch die Belegschaft und werfen neue ethische Überlegungen auf. Bei der Untersuchung dieser Fallstudien erhalten wir Einblicke, wie Unternehmen die Komplexität der KI-Implementierung meistern - von den ersten Phasen der Integration bis zur Bewältigung von Herausforderungen wie Mitarbeiterschulungen und ethischen Dilemmata.

Die Fallstudien in diesem Kapitel wurden sorgfältig ausgewählt, um ein umfassendes Verständnis der praktischen Realitäten der

KI-Integration zu vermitteln. Sie bieten einen Einblick in die erzielten Erfolge und die daraus gezogenen Lehren und stellen eine wertvolle Orientierungshilfe für Unternehmen dar, die sich auf ihre eigene KI-Reise begeben. Durch die Untersuchung dieser Beispiele aus der Praxis soll das Kapitel die Kluft zwischen Theorie und Praxis überbrücken und den Lesern ein anschauliches Bild vom Potenzial der KI und ihren Auswirkungen auf die Zukunft der Arbeit vermitteln.

Wenn wir tiefer in die Welt der KI-Integration in verschiedenen Branchen eintauchen, wird deutlich, dass die Anwendungen der künstlichen Intelligenz so vielfältig sind wie die Branchen selbst. Jede Branche macht sich die Fähigkeiten der KI auf einzigartige Weise zunutze, um spezifische Herausforderungen zu bewältigen und ihre Abläufe zu verbessern.

Im Gesundheitswesen hat die KI eine transformative Wirkung. Die Anwendungen reichen von fortschrittlicher Diagnostik, bei der KI-Algorithmen bei der Interpretation medizinischer Bilder helfen, bis hin zur Behandlungsplanung, bei der KI bei der Ausarbeitung personalisierter Behandlungsschemata hilft. KI revolutioniert auch das Management der Patientenversorgung, indem sie Werkzeuge zur Überwachung des Gesundheitszustands von Patienten und zur Vorhersage von medizinischen Ereignissen bietet, bevor diese eintreten.

Der Finanzsektor nutzt KI für ein sicheres und personalisiertes Kundenerlebnis. KI spielt eine entscheidende Rolle bei der Risikobewertung, indem sie große Datenmengen analysiert, um potenzielle Risiken bei Investitionen zu erkennen. Die Betrugserkennung wurde durch KI erheblich verbessert, da verdächtige Aktivitäten mit größerer Genauigkeit identifiziert werden können. Darüber hinaus wird KI bei der Personalisierung von Bankdienstleistungen eingesetzt, um die Finanzberatung und die Angebote auf die individuellen Bedürfnisse der Kunden abzustimmen.

Im Bereich des Einzelhandels verändert KI die Art und Weise, wie Unternehmen ihre Kunden verstehen und mit ihnen interagieren.

Durch die Analyse des Kundenverhaltens erhalten Einzelhändler mithilfe von KI Einblicke in das Kaufverhalten und können so ihre Marketingstrategien verbessern. KI-gesteuerte Bestandsverwaltungssysteme optimieren die Lagerbestände und die Logistik in der Lieferkette. Personalisierte Einkaufserlebnisse, die von KI unterstützt werden, setzen sich immer mehr durch und bieten den Kunden Empfehlungen auf der Grundlage ihrer Vorlieben und Kaufhistorie.

In der Fertigung sind durch den Einsatz von KI erhebliche Effizienzsteigerungen zu verzeichnen. Die durch KI ermöglichte vorausschauende Wartung ermöglicht eine rechtzeitige Instandhaltung von Maschinen, wodurch Ausfallzeiten reduziert werden. KI-Systeme werden in der Qualitätskontrolle eingesetzt, um Mängel und Unregelmäßigkeiten mit hoher Präzision zu erkennen. Darüber hinaus spielt KI eine Schlüsselrolle bei der Optimierung der Lieferkette, der Vorhersage der Nachfrage und der Rationalisierung von Produktionsplänen.

In der Kreativbranche verändert der Einfluss der KI die Erstellung und Gestaltung von Inhalten. KI-Algorithmen werden eingesetzt, um neue Inhalte zu erstellen, vom Schreiben von Artikeln bis zum Komponieren von Musik. Im Bereich Design hilft KI bei der Erstellung visueller Elemente und bietet neue Möglichkeiten für digitale Medien und Werbung.

Diese unterschiedlichen Anwendungen in verschiedenen Branchen zeigen die Vielseitigkeit und das transformative Potenzial der KI. Bei der Untersuchung dieser Beispiele werden die Tiefe der KI-Integration und ihre Auswirkungen auf die einzelnen Branchen immer deutlicher. Diese Fallstudien zeigen nicht nur die innovativen Einsatzmöglichkeiten von KI auf, sondern beleuchten auch die breiteren Auswirkungen ihrer Integration auf branchenspezifische Arbeitsabläufe und die globale Wirtschaft.

Im Gesundheitswesen wird das Potenzial der KI zur Verbesserung der Patientenversorgung zunehmend erkannt und genutzt. Eine bemerkenswerte Erfolgsgeschichte ist die einer

Gesundheitsorganisation, die KI zur Revolutionierung ihres Patientenversorgungssystems eingesetzt hat.

Diese Organisation sah sich mit Herausforderungen konfrontiert, die in der Gesundheitsbranche üblich sind: eine überwältigende Menge an Patientendaten und die Notwendigkeit einer schnellen, genauen Diagnose und Behandlungsplanung. Um diese Herausforderungen zu bewältigen, integrierte die Organisation KI in ihre Abläufe und konzentrierte sich dabei auf zwei Schlüsselbereiche: Diagnose und Patientenpflegemanagement.

In der Diagnostik setzte die Organisation KI-Algorithmen zur Analyse medizinischer Bildgebung ein. Diese KI-Systeme wurden anhand riesiger Bilddatensätze trainiert, so dass sie Ärzte bei der Erkennung von Krankheiten wie Krebs in viel früheren Stadien als bisher unterstützen können. Die Fähigkeit der KI, Muster zu erkennen, die für das menschliche Auge nicht erkennbar sind, verbesserte die diagnostische Genauigkeit und Effizienz erheblich.

Im Bereich des Patientenpflegemanagements nutzte die Organisation KI zur Überwachung von Patientendaten in Echtzeit. KI-Systeme analysierten Daten aus verschiedenen Quellen, darunter Krankenakten und Echtzeit-Überwachungsgeräte, um potenzielle Gesundheitsrisiken vorherzusagen. Dieser proaktive Ansatz ermöglichte es den Gesundheitsdienstleistern, früher einzugreifen und so häufig medizinische Notfälle zu verhindern.

Die Einführung von KI führte zu bemerkenswerten Verbesserungen bei den Patientenergebnissen. Die Genauigkeit und Geschwindigkeit der Diagnostik wurde erhöht und die Effizienz des Patientenpflegemanagements verbessert, was zu einer höheren Patientenzufriedenheit führte. Außerdem lieferten die KI-Systeme wertvolle Erkenntnisse, die der Organisation halfen, ihre Abläufe zu rationalisieren und Kosten zu senken.

Diese Fallstudie zeigt die tiefgreifenden Auswirkungen, die KI im Gesundheitswesen haben kann, wenn sie erfolgreich eingesetzt wird. Durch die Nutzung der KI-Funktionen konnte die

Organisation nicht nur ihre Patientenversorgung verbessern, sondern auch einen Maßstab für Innovationen im Gesundheitswesen setzen.

Die Integration von KI im Finanzsektor hat zu einer erheblichen Verbesserung des Kundenservice und der Sicherheit geführt, wie die Fallstudie eines bekannten Finanzinstituts zeigt. Dieses Institut stand vor der doppelten Herausforderung, die ständig steigenden Erwartungen der Kunden zu erfüllen und gleichzeitig eine solide Sicherheit gegen Betrug und Finanzkriminalität zu gewährleisten.

Um diese Herausforderungen zu bewältigen, implementierte das Institut KI in mehreren Schlüsselbereichen. Erstens wurden KI-gestützte Chatbots und virtuelle Assistenten in den Kundenservice-Kanälen eingeführt. Diese KI-Tools waren in der Lage, eine breite Palette von Kundenanfragen zu bearbeiten, von Kontostandsabfragen bis hin zur Unterstützung bei Transaktionen. Mithilfe von natürlicher Sprachverarbeitung und maschinellem Lernen lieferten die Chatbots zeitnahe, personalisierte Antworten, die das Kundenerlebnis erheblich verbesserten. Sie entlasteten auch die menschlichen Kundendienstmitarbeiter, die sich nun auf komplexere Kundenprobleme konzentrieren können.

Im Hinblick auf die Sicherheit setzte das Institut KI für eine erweiterte Betrugserkennung und Risikobewertung ein. Das KI-System wurde entwickelt, um Transaktionsmuster zu analysieren und ungewöhnliche oder verdächtige Aktivitäten zu erkennen - eine Aufgabe, die bei manueller Ausführung mühsam und wenig effektiv wäre. Durch das Lernen aus historischen Transaktionsdaten wurde das KI-Modell immer besser in der Lage, potenzielle Betrugsfälle zu erkennen, wodurch die Häufigkeit von Finanzdelikten erheblich reduziert werden konnte.

KI wurde für personalisierte Bankdienstleistungen eingesetzt. Die KI-Algorithmen analysierten individuelle Kundendaten, um maßgeschneiderte Finanzberatung und Produktempfehlungen anzubieten. Diese Personalisierung verbesserte nicht nur die

Kundenzufriedenheit, sondern steigerte auch die Effizienz der Marketingmaßnahmen des Instituts.

Die erfolgreiche Implementierung von KI im Bereich Kundenservice und Sicherheit brachte mehrere wichtige Vorteile mit sich. Die Kundenbindung und -zufriedenheit wurde durch die schnellen und personalisierten Antworten der KI-Chatbots deutlich verbessert. Die Effizienz und Genauigkeit bei der Betrugserkennung verbesserten die Sicherheitsmaßnahmen des Instituts und weckten bei den Kunden größeres Vertrauen. Darüber hinaus führte die durch die KI-Integration gewonnene betriebliche Effizienz zu Kosteneinsparungen und einem verbesserten Endergebnis.

Diese Fallstudie veranschaulicht das transformative Potenzial von KI im Finanzsektor und zeigt, wie die durchdachte Anwendung von KI gleichzeitig das Kundenerlebnis verbessern und die Sicherheitsmaßnahmen verstärken kann.

Ein führender Einzelhandelsriese liefert eine überzeugende Fallstudie darüber, wie KI für das Bestands- und Kundenbeziehungsmanagement eingesetzt werden kann und so den Ansatz des Einzelhandels für Geschäftsabläufe und Kundenbindung revolutioniert.

Der Einzelhandelsriese sah sich mit der Herausforderung konfrontiert, einen riesigen und dynamischen Bestand an zahlreichen Standorten zu verwalten und Verbrauchertrends genau vorherzusagen, und wandte sich auf der Suche nach Lösungen an KI. Das Unternehmen implementierte ein KI-gesteuertes Bestandsverwaltungssystem, das prädiktive Analysen zur Vorhersage der Nachfrage, zur Optimierung der Lagerbestände und zur Verwaltung der Lieferkettenlogistik nutzte. Das KI-System analysierte Verkaufsdaten, saisonale Trends und das Verbraucherverhalten, um vorherzusagen, welche Produkte zu verschiedenen Zeiten des Jahres gefragt sein würden. Diese Vorhersagefähigkeit ermöglichte es dem Unternehmen, die Lagerbestände zu optimieren und Über- und Unterbestände zu minimieren, was zu erheblichen Kosteneinsparungen und weniger Abfall führte.

Im Kundenbeziehungsmanagement setzte der Einzelhandelsriese KI ein, um das Einkaufserlebnis für seine Kunden zu personalisieren. Mithilfe von KI-Algorithmen wurden die Kaufhistorie, das Surfverhalten und die Vorlieben der Kunden analysiert. Auf der Grundlage dieser Daten stellte das KI-System den Kunden sowohl im Geschäft als auch online personalisierte Produktempfehlungen zur Verfügung. Diese Personalisierung beschränkte sich nicht nur auf Produktempfehlungen, sondern erstreckte sich auch auf Marketingkampagnen und Werbeangebote, die auf die individuellen Vorlieben jedes Kunden zugeschnitten waren.

Das Unternehmen implementierte KI-gesteuerte Chatbots auf seiner Website und in seiner mobilen App, um seinen Kunden rund um die Uhr Unterstützung zu bieten. Diese Chatbots waren in der Lage, eine Reihe von Anfragen zu bearbeiten, von Produktanfragen bis hin zur Auftragsverfolgung, und verbesserten so das gesamte Kundenerlebnis.

Die Integration von KI in das Bestands- und Kundenbeziehungsmanagement hatte eine transformative Wirkung auf die Abläufe des Einzelhandelsriesen. Die Effizienz der Bestandsverwaltung verbesserte sich erheblich, was zu Kosteneinsparungen und einer besseren Fähigkeit führte, die Nachfrage der Verbraucher zu befriedigen. Das personalisierte Einkaufserlebnis führte zu einer höheren Kundenzufriedenheit, höheren Umsätzen und einer stärkeren Kundenbindung. Darüber hinaus halfen die KI-gesteuerten Erkenntnisse dem Unternehmen bei der Strategieentwicklung und beim Treffen datengestützter Entscheidungen, um auf dem wettbewerbsintensiven Einzelhandelsmarkt die Nase vorn zu haben.

Diese Fallstudie veranschaulicht die Leistungsfähigkeit von KI bei der Optimierung von Geschäftsabläufen und der Verbesserung des Kundenerlebnisses im Einzelhandel. Durch den Einsatz von KI für die Bestandsverwaltung und das

Kundenbeziehungsmanagement konnte der Einzelhandelsriese nicht nur seine Abläufe rationalisieren, sondern auch eine stärkere Verbindung zu seinen Kunden aufbauen.

Die Integration von KI in organisatorische Abläufe ist zwar transformativ, bringt aber auch eine Reihe von Herausforderungen mit sich. Diese Hürden können von technischen und infrastrukturellen Fragen bis hin zu personellen und ethischen Bedenken reichen. Für eine erfolgreiche Einführung von KI ist es entscheidend, diese Herausforderungen zu verstehen und zu bewältigen.

Eine häufige Herausforderung für Unternehmen ist die technische Komplexität, die mit der Entwicklung oder Implementierung von KI-Systemen verbunden ist. Dazu gehören die Notwendigkeit erheblicher Investitionen in Technologie und Infrastruktur sowie die Herausforderung der Integration von KI in bestehende Systeme und Prozesse. Darüber hinaus besteht häufig ein Qualifikationsdefizit. Vielen Unternehmen fehlt es an internem Fachwissen, um KI-Technologien effektiv zu entwickeln, zu verwalten und zu interpretieren.

Auch datenbezogene Herausforderungen sind weit verbreitet. Dazu gehören die Beschaffung hochwertiger, relevanter Daten zum Trainieren von KI-Modellen, die Gewährleistung des Datenschutzes und die sichere Verwaltung großer Datenmengen. Außerdem können Verzerrungen in den Daten zu verzerrten KI-Ergebnissen führen, was Bedenken hinsichtlich Fairness und Genauigkeit aufwirft.

Aus Sicht der Personalabteilung kann der Widerstand der Mitarbeiter gegen Veränderungen eine Hürde darstellen. Es kann Befürchtungen hinsichtlich der Arbeitsplatzsicherheit oder Skepsis gegenüber der Wirksamkeit von KI-Systemen geben. Hinzu kommt die Herausforderung, die Mitarbeiter für die effektive Arbeit mit KI-Technologien zu qualifizieren. Unternehmen haben verschiedene Strategien entwickelt, um diese Herausforderungen zu bewältigen. Zur Bewältigung der technischen Komplexität und der Qualifikationslücke gehen viele Unternehmen Partnerschaften mit KI-Technologieanbietern ein oder investieren in die Aus- und Weiterbildung ihrer Mitarbeiter. Auch die Zusammenarbeit mit Universitäten und Forschungseinrichtungen ist üblich, um Zugang zu modernstem KI-Fachwissen und Ressourcen zu erhalten.

Bei datenbezogenen Herausforderungen konzentrieren sich die Unternehmen auf die Entwicklung solider Data-Governance-Richtlinien. Dazu gehört nicht nur die Sicherstellung der Datenqualität und des Datenschutzes, sondern auch die aktive Arbeit an der Ermittlung und Beseitigung von Verzerrungen in Datensätzen. Regelmäßige Audits und Überprüfungen von KI-Systemen werden ebenfalls durchgeführt, um Fairness und Genauigkeit zu gewährleisten.

Um dem Widerstand gegen Veränderungen entgegenzuwirken, wählen Unternehmen einen proaktiven Ansatz für das Veränderungsmanagement. Dazu gehört eine klare Kommunikation über die Vorteile der KI, die Einbeziehung der Mitarbeiter in den KI-Integrationsprozess und die Zusicherung von Arbeitsplatzsicherheit und Weiterbildungsmöglichkeiten.

Die Erforschung der KI-Integration in verschiedenen Branchen anhand diverser Fallstudien hat wertvolle Lehren und Erkenntnisse erbracht. Diese Erkenntnisse sind nicht nur entscheidend für das Verständnis des Potenzials von KI, sondern auch für die Bewältigung der Herausforderungen, die mit ihrer Implementierung einhergehen. Die Zusammenfassung dieser wichtigen Erkenntnisse bietet eine Reihe von Best Practices und Empfehlungen, die Unternehmen auf ihrem Weg zu einer erfolgreichen KI-Integration unterstützen.

Vom Gesundheitswesen über den Einzelhandel bis hin zum Finanzwesen ist eine der wichtigsten Lehren, wie wichtig es ist, KI-Initiativen auf die spezifischen Unternehmensziele und -bedürfnisse abzustimmen. Eine erfolgreiche KI-Integration beginnt mit einem klaren Verständnis dessen, was das Unternehmen erreichen will - sei es ein verbessertes

Kundenerlebnis, eine höhere betriebliche Effizienz oder Innovationen bei Produkt- und Serviceangeboten.

Datenqualität und -management erweisen sich als kritische Faktoren. Die Fallstudien unterstreichen die Notwendigkeit hochwertiger, vielfältiger und repräsentativer Daten für das Training von KI-Modellen. Dadurch wird sichergestellt, dass KI-Systeme genau, fair und effektiv sind. Unternehmen müssen in robuste Data-Governance-Rahmenwerke investieren, um Fragen des Datenschutzes, der Sicherheit und der Voreingenommenheit anzugehen.

Der menschliche Aspekt der KI-Integration, insbesondere das Änderungsmanagement, ist eine weitere wichtige Lektion. Es ist von entscheidender Bedeutung, auf die Befürchtungen der Mitarbeiter einzugehen und sie in den Prozess der KI-Einführung einzubeziehen. Dies kann durch eine transparente Kommunikation, die Zusicherung von Arbeitsplatzsicherheit und die Bereitstellung von Schulungs- und Weiterbildungsmöglichkeiten erreicht werden. Eine weitere wichtige Erkenntnis ist die Notwendigkeit, beim Einsatz von KI ethische Standards einzuhalten. Dazu gehören die Entwicklung ethischer Richtlinien, die Gewährleistung von Transparenz bei KI-Operationen und die kontinuierliche Überwachung auf Vorurteile und ethische Verfehlungen. Der ethische Einsatz von KI schafft nicht nur Vertrauen bei den Beteiligten, sondern gewährleistet auch die langfristige Nachhaltigkeit von KI-Initiativen.

Technisches Know-how und Partnerschaften sind ebenfalls entscheidend. Bei vielen erfolgreichen Fallstudien wurde mit Technologiepartnern, akademischen Einrichtungen oder spezialisierten KI-Anbietern zusammengearbeitet. Diese Partnerschaften können das notwendige technische Fachwissen und die Ressourcen bereitstellen, die im eigenen Unternehmen möglicherweise nicht vorhanden sind. Skalierbarkeit und Flexibilität von KI-Lösungen sind wichtig. KI-Systeme sollten skalierbar sein, um mit dem Unternehmen zu wachsen, und flexibel genug, um sich an die sich ändernde Marktdynamik und die Geschäftsanforderungen anzupassen. Zu den Best Practices für eine erfolgreiche KI-Integration gehören die Ausrichtung von KI an den Geschäftszielen, die Sicherstellung einer soliden Data Governance, das Management der menschlichen Aspekte der KI-Einführung, die Einhaltung ethischer Standards, die Nutzung von Partnerschaften für technisches Fachwissen und die Konzentration auf Skalierbarkeit und Flexibilität. Diese Empfehlungen bieten einen Fahrplan für Unternehmen aller Branchen, um die Vorteile der KI effektiv zu nutzen und gleichzeitig ihre Herausforderungen zu meistern.

Wenn wir in die Zukunft blicken, scheinen die potenziellen Anwendungen von KI grenzenlos zu sein, und ihre Rolle bei der Förderung von Wachstum und Innovation in verschiedenen Branchen ist unverkennbar. Der vor uns liegende Weg der KI-Integration ist durch eine Landschaft der kontinuierlichen Entwicklung gekennzeichnet, in der Anpassung und Innovation nicht nur von Vorteil, sondern für den Erfolg unerlässlich sind.

Die potenziellen künftigen Anwendungen der KI sind vielfältig und weitreichend. Im Gesundheitswesen könnte die KI die personalisierte Medizin weiter revolutionieren und Behandlungen ermöglichen, die auf die genetische Ausstattung des einzelnen Patienten zugeschnitten sind. Im Bereich der Umweltwissenschaften könnte KI eine entscheidende Rolle bei der Klimamodellierung und bei der Entwicklung von Lösungen für ein nachhaltiges Leben spielen. Im Finanzsektor könnten noch ausgefeiltere KI-gesteuerte Algorithmen für vorausschauende Marktanalysen und personalisierte Finanzplanung zum Einsatz kommen.

In Sektoren wie Fertigung und Logistik könnte KI zu vollständig autonomen Lieferketten und intelligenten Fertigungsprozessen führen, die die Effizienz steigern und die Betriebskosten senken. Einzelhandel und E-Commerce werden wahrscheinlich weitere Fortschritte bei der KI-gesteuerten Kundenerfahrung erleben, wobei hyper-personalisiertes Einkaufen und vorausschauende Analysen die Verbrauchertrends prägen werden.

Die Bedeutung kontinuierlicher Innovation bei der Integration von KI kann gar nicht hoch genug eingeschätzt werden. So wie sich die Technologie weiterentwickelt, so müssen auch die Strategien für ihre Integration angepasst werden. Das bedeutet, mit den neuesten Entwicklungen im Bereich der KI Schritt zu halten, mit neuen Anwendungen zu experimentieren und offen zu sein für die Neudefinition von Geschäftsprozessen im Lichte des Fortschritts der KI. Dazu gehören auch Investitionen in Forschung und Entwicklung und die Förderung einer Innovationskultur in Unternehmen.

Ebenso wichtig ist die Anpassung. Mit der Weiterentwicklung von KI-Technologien und -Anwendungen wachsen auch die damit verbundenen Herausforderungen, darunter ethische Überlegungen, Datenschutz und Auswirkungen auf die Belegschaft. Unternehmen müssen ihre Richtlinien, Strategien und Abläufe flexibel anpassen, um diesen Herausforderungen zu begegnen. Dazu gehören die regelmäßige Überprüfung und Aktualisierung von KI-Systemen, die Neubewertung von ethischen Richtlinien und die Sicherstellung, dass die Mitarbeiter mit den notwendigen Fähigkeiten ausgestattet sind, um mit den fortschreitenden KI-Technologien zu arbeiten.

Die Zukunft der KI-Integration ist kein linearer Weg, sondern eine dynamische Reise der Erforschung, Innovation und Anpassung. Für Unternehmen, die bereit sind, sich auf diese Reise einzulassen, bietet KI unvergleichliche Möglichkeiten für Wachstum, Effizienz und Wettbewerbsfähigkeit. Innovations- und Anpassungsfähigkeit sind die Schlüsselfaktoren, um das volle Potenzial der KI für künftiges Wachstum zu nutzen. Wir haben uns auf eine Reise durch ein breites Spektrum von Branchen begeben, die alle die transformativen Auswirkungen von KI in der realen Welt zeigen. Diese Fallstudien liefern nicht nur konkrete Beispiele für die Fähigkeiten der KI, sondern machen auch die Komplexität und die Nuancen der Integration einer solchen fortschrittlichen Technologie in verschiedenen Sektoren deutlich.

Ob im Gesundheitswesen, im Finanzwesen, im Einzelhandel oder in der Fertigung - jede Fallstudie bietet einzigartige Einblicke in die praktischen Anwendungen von KI. Wir haben gesehen, wie KI die Effizienz steigern, Innovationen vorantreiben und das Kundenerlebnis personalisieren kann. Gleichzeitig haben diese Beispiele Herausforderungen wie den Umgang mit dem Datenschutz, den Umgang mit KI-Voreingenommenheit und die Gewährleistung einer ethischen KI-Nutzung aufgezeigt.

Verknüpft man diese Erkenntnisse mit der umfassenderen Darstellung der Auswirkungen von KI auf die Arbeitskultur und hybride Arbeitsmodelle, wird deutlich, dass KI nicht nur ein Werkzeug für betriebliche Effizienz ist. Ihr Einfluss erstreckt sich auch auf die Umgestaltung von Arbeitsrollen, die Notwendigkeit neuer Qualifikationen und die Neudefinition der Dynamik des Arbeitsplatzes. In hybriden Arbeitsmodellen ist die Rolle der KI bei der Erleichterung der Kommunikation, der Automatisierung von Prozessen und der Bereitstellung datengestützter Erkenntnisse von zentraler Bedeutung für die Überbrückung der Kluft zwischen physischen und virtuellen Arbeitsumgebungen.

Die aus diesen Fallstudien gezogenen Lehren unterstreichen die Bedeutung einer strategischen KI-Integration, die nicht nur die technologischen Aspekte, sondern auch die menschlichen und ethischen Dimensionen berücksichtigt. Sie unterstreichen die Notwendigkeit eines kontinuierlichen Lernens, der Anpassungsfähigkeit und der ethischen Wachsamkeit, wenn KI in unserem Berufsleben immer mehr Einzug hält.

Die Fallstudien in diesem Kapitel haben einen Mikrokosmos der breiteren Auswirkungen von KI auf den Arbeitsplatz gezeigt. Sie dienen sowohl als Leitfaden als auch als warnendes Beispiel für Unternehmen, die sich auf den Weg der KI machen, und zeigen die potenziellen Vorteile und Herausforderungen auf, die es zu bewältigen gilt. In dieser Ära der KI-Integration werden die aus diesen Praxisbeispielen gewonnenen Erkenntnisse von unschätzbarem Wert für die Gestaltung einer Zukunft sein, in der KI die Arbeitskultur verbessert, hybride Arbeitsmodelle optimiert und nachhaltiges Wachstum fördert.

Teil 2: Navigieren durch hybride Arbeitsplatzmodelle

In Teil 2 konzentrieren wir uns auf die sich entwickelnde Landschaft der hybriden Arbeitsplatzmodelle. Mit der zunehmenden Flexibilität und technologischen Integration in der Arbeitswelt wird es für Unternehmen und Mitarbeiter gleichermaßen wichtig, dieses neue Terrain zu verstehen und zu navigieren. Dieser Teil des Buches untersucht den Aufstieg der Hybridarbeit, ihren historischen Kontext, die Technologie, die sie vorantreibt, und die Strategien für ein effektives Management in solchen Umgebungen.

Wir beginnen mit der Erforschung des Aufstiegs der hybriden Arbeitsformen, indem wir ihre Ursprünge und den jüngsten Anstieg ihrer Akzeptanz nachvollziehen. Diese Untersuchung ist nicht nur ein historischer Bericht, sondern eine Reise durch die sich entwickelnden Bedürfnisse und Erwartungen der modernen Arbeitskräfte und die Reaktionen der Unternehmen auf diese Veränderungen. Wir erörtern die verschiedenen Vorteile hybrider Modelle, wie z. B. die erhöhte Flexibilität und das Potenzial für eine bessere Vereinbarkeit von Beruf und Privatleben, stellen uns aber auch den Herausforderungen, wie z. B. Fragen der Konnektivität, des Teamzusammenhalts und der Erhaltung der Unternehmenskultur.

Technologie und Infrastruktur sind das Rückgrat eines effektiven hybriden Arbeitsplatzes. In diesem Zusammenhang gehen wir auf die wesentlichen Technologien ein, die eine Remote-Zusammenarbeit nicht nur möglich, sondern auch produktiv machen. Wir schauen uns an, wie virtuelle Arbeitsbereiche geschaffen und gewartet werden, und wie wichtig die Cybersicherheit in einem hybriden Modell ist, in dem Daten und Informationen über mehrere Netzwerke und Geräte fließen.

Die Leitung von Remote-Teams in hybriden Umgebungen erfordert einen anpassungsfähigen Führungsstil. Wir gehen der Frage nach, wie sich die Führung in Remote-Umgebungen von der traditionellen Verwaltung im Büro unterscheidet, und konzentrieren uns dabei auf Strategien zur Motivation von Remote-Mitarbeitern und auf das Leistungsmanagement, um Produktivität und Verantwortlichkeit sicherzustellen.

Schließlich erwecken wir diese Konzepte mit Fallstudien von Unternehmen, die erfolgreich hybride Arbeitsplatzmodelle eingeführt haben, zum Leben. Diese Beispiele aus der Praxis bieten einzigartige Einblicke in die Art und Weise, wie verschiedene Organisationen den Übergang bewältigen, welche Innovationen sie in die Praxis einbringen und welche wertvollen Lektionen sie auf diesem Weg gelernt haben.

Teil 2 dient als umfassender Leitfaden für die Navigation in der komplexen, aber lohnenden Welt der hybriden Arbeitsmodelle. Er liefert die Werkzeuge, Strategien und Erkenntnisse, die Unternehmen und Einzelpersonen benötigen, um sich in einem zunehmend flexiblen und digitalisierten Arbeitsumfeld anzupassen, zu gedeihen und widerstandsfähig zu bleiben.

Kapitel 5: Das Aufkommen der Hybridarbeit

Mit dem Übergang zu Kapitel 5 von "Die Zukunft der Arbeit jetzt" wenden wir uns dem sich entwickelnden Konzept der hybriden Arbeitsmodelle zu. Dieser einleitende Abschnitt gibt einen kurzen Überblick darüber, was ein hybrides Arbeitsmodell ausmacht, und legt damit die Grundlage für das Verständnis seiner zunehmenden Bedeutung und Relevanz in der heutigen Arbeitskultur.

Hybride Arbeitsmodelle sind eine Mischung aus traditioneller Büroarbeit und Fernarbeit. Bei solchen Modellen können die Mitarbeiter ihre Zeit flexibel zwischen der Arbeit in einem Büro und der Arbeit aus der Ferne aufteilen - sei es von zu Hause aus, in einem Co-Working Space oder an einem anderen Ort. Dieser Arbeitsansatz stellt eine deutliche Abkehr vom herkömmlichen 9-to-5-Büro dar und bietet eine flexiblere und anpassungsfähigere Arbeitsorganisation.

Das Aufkommen hybrider Arbeitsmodelle lässt sich auf mehrere Faktoren zurückführen, u. a. auf den technologischen Fortschritt, die veränderten Erwartungen der Arbeitnehmer und die durch Ereignisse wie die COVID-19-Pandemie ausgelöste globale Verschiebung der Arbeitspraktiken. Diese Modelle haben an Beliebtheit gewonnen, da sie ein Gleichgewicht zwischen der Struktur und den Möglichkeiten der Zusammenarbeit im Büro und der Flexibilität und Autonomie der Fernarbeit bieten. Diese Modelle sind keine Einheitslösung, sondern unterscheiden sich von Unternehmen zu Unternehmen erheblich. Einige entscheiden sich für einen strukturierten Ansatz mit festen Tagen für Büro- und Fernarbeit, während andere mehr Flexibilität bieten und es den Mitarbeitern ermöglichen, ihren Arbeitsort nach ihren Bedürfnissen und Vorlieben zu wählen.

Wir werden die Nuancen hybrider Arbeitsmodelle erforschen und untersuchen, wie sie das Arbeitsumfeld umgestalten, welche Vorteile und Herausforderungen sie mit sich bringen und welche Auswirkungen sie auf die Zukunft der Arbeit haben. Das Aufkommen hybrider Arbeitsmodelle stellt eine bedeutende Entwicklung in der Arbeitskultur dar und spiegelt die sich verändernde Dynamik des modernen Arbeitsplatzes und den anhaltenden Wandel hin zu dynamischeren und flexibleren Arbeitsmethoden wider.

Das Konzept der hybriden Arbeit, das in letzter Zeit immer mehr an Bedeutung gewinnt, hat seine Wurzeln in den Anfängen der flexiblen Arbeitsorganisation. Dieser historische Kontext ist wichtig, um zu verstehen, wie sich Arbeitsmodelle von traditionellen Büroumgebungen zu den dynamischen Arrangements entwickelt haben, die wir heute kennen.

Die Ursprünge der flexiblen Arbeit lassen sich bis in die 1970er und 1980er Jahre zurückverfolgen, als Unternehmen begannen, mit alternativen Arbeitsregelungen wie Gleitzeit und Jobsharing zu experimentieren. Diese frühen Konzepte wurden von dem Wunsch angetrieben, die Zufriedenheit und Produktivität der Mitarbeiter zu steigern und gleichzeitig ein Gleichgewicht zwischen Arbeit und Privatleben zu schaffen. Das Aufkommen des digitalen Zeitalters im späten 20. Jahrhundert förderte die Möglichkeit, außerhalb der traditionellen Büroumgebung zu arbeiten.

Der entscheidende technologische Meilenstein, der hybrides Arbeiten möglich machte, war die Verbreitung des Internets und der mobilen Technologie. In den späten 1990er und frühen 2000er Jahren gab es einen rasanten Fortschritt bei digitalen Kommunikationsmitteln, Cloud Computing und mobilen Geräten, die es den Arbeitnehmern ermöglichten, ihre Aufgaben von jedem Ort mit einer Internetverbindung aus zu erledigen. Diese technologische Revolution legte den Grundstein dafür, dass Fernarbeit zu einer machbaren und effizienten Option wurde.

Auch gesellschaftliche Veränderungen spielten eine wichtige Rolle bei der Entwicklung von Arbeitsmodellen. Der zunehmende Fokus auf die Vereinbarkeit von Beruf und Familie, insbesondere bei den Millennials und der Generation Z, war eine treibende Kraft bei der Verlagerung hin zu flexibleren Arbeitsmodellen. Darüber hinaus haben auch ökologische Erwägungen, wie die Verringerung des Pendelns und des damit verbundenen CO_2-Fußabdrucks, diesen Wandel beeinflusst.

Das Konzept des hybriden Arbeitens gewann mit dem Auftreten der COVID-19-Pandemie erheblich an Dynamik. Die globale Gesundheitskrise zwang Unternehmen auf der ganzen Welt, fast über Nacht auf Telearbeit umzustellen. Dieses ungeplante Massenexperiment mit der Telearbeit zeigte die Machbarkeit flexibler Arbeitsmodelle in großem Maßstab und führte zu einer Neubewertung der Notwendigkeit der traditionellen bürozentrierten Arbeit.

Die Entwicklung hybrider Arbeitsmodelle ist das Ergebnis eines Zusammentreffens von technologischen Fortschritten, sozialen Veränderungen und globalen Ereignissen. Diese Faktoren haben gemeinsam den Weg für die Einführung flexiblerer, dynamischerer Arbeitsarrangements geebnet und die traditionellen Normen, wie und wo gearbeitet wird, in Frage gestellt. Wie wir in diesem Kapitel weiter ausführen, bietet der historische Kontext der hybriden Arbeit einen Blickwinkel, durch den wir ihren aktuellen Zustand und ihr zukünftiges Potenzial betrachten können.

Der jüngste Anstieg bei der Einführung hybrider Arbeitsmodelle stellt eine bedeutende Veränderung in der globalen Arbeitslandschaft dar. Mehrere Faktoren haben zu diesem Anstieg beigetragen und die Art und Weise, wie Unternehmen und Mitarbeiter das Konzept der Arbeit sehen, grundlegend verändert.

Ein Hauptkatalysator für den raschen Übergang zu hybriden Arbeitsmodellen waren die Auswirkungen globaler Ereignisse, vor allem die COVID-19-Pandemie. Die Pandemie zwang Unternehmen und Arbeitnehmer dazu, sich schnell auf die

Telearbeit einzustellen, da die Regierungen Abriegelungen und soziale Distanzierungsmaßnahmen anordneten. Diese unvorhergesehene Veränderung zeigte die Machbarkeit von Fernarbeit in großem Umfang und stellte lang gehegte Vorstellungen über Produktivität und Zusammenarbeit in traditionellen Büroumgebungen in Frage. Infolgedessen erkannten viele Unternehmen und Mitarbeiter die potenziellen Vorteile flexibler Arbeitsregelungen, was zu einem wachsenden Interesse an hybriden Modellen als dauerhaftere Lösung führte.

Ein weiterer Faktor, der zum Anstieg der hybriden Arbeit beiträgt, sind die Fortschritte bei den digitalen Technologien. Die Verfügbarkeit von robusten Kommunikationswerkzeugen, Cloud Computing und Software für die Zusammenarbeit hat es für Mitarbeiter einfacher denn je gemacht, von entfernten Standorten aus effektiv zu arbeiten. Diese Technologien ermöglichen eine nahtlose Kommunikation und Zusammenarbeit unabhängig vom physischen Standort, was hybride Arbeitsmodelle praktischer und attraktiver macht.

Jüngste Erhebungen und Studien belegen, dass hybride Arbeitsmodelle weltweit immer beliebter werden. Viele dieser Studien deuten darauf hin, dass die Arbeitnehmer Arbeitsmodelle bevorzugen, die Flexibilität in Bezug auf Arbeitsort und -zeit bieten. So haben Umfragen gezeigt, dass ein erheblicher Prozentsatz der Arbeitnehmer eine Mischung aus Telearbeit und Büroarbeit bevorzugt und dabei Vorteile wie eine bessere Work-Life-Balance, kürzere Pendelzeiten und eine höhere Produktivität anführt.

Die Unternehmen erkennen auch die Vorteile von hybriden Arbeitsmodellen. Zu diesen Vorteilen gehören der Zugang zu einem größeren Talentpool, geringere Gemeinkosten, die mit der Unterhaltung großer Büroräume verbunden sind, und die Möglichkeit, sich schnell an veränderte Umstände anzupassen, wie z. B. an Krisen im Gesundheitswesen. Darüber hinaus können hybride Modelle zur Mitarbeiterzufriedenheit und -bindung beitragen, da sie die Flexibilität bieten, die moderne Arbeitnehmer zunehmend suchen.

Der jüngste Anstieg von hybriden Arbeitsmodellen ist das Ergebnis einer Kombination aus globalen Ereignissen, technologischen Fortschritten und einer veränderten Einstellung zur Arbeit. Während Unternehmen und Arbeitnehmer sich in der Welt nach der Pandemie zurechtfinden, werden hybride Arbeitsmodelle zu einem integralen Bestandteil der neuen Normalität und bieten einen ausgewogenen Ansatz, der den Bedürfnissen sowohl der Arbeitgeber als auch der Arbeitnehmer gerecht wird. Dieses Kapitel zielt darauf ab, diese Trends zu vertiefen und einen umfassenden Überblick über den aktuellen Stand und die Zukunftsaussichten von hybriden Arbeitsmodellen zu geben.

Hybride Arbeitsmodelle, bei denen Fern- und Büroarbeit miteinander kombiniert werden, bieten sowohl für Arbeitnehmer als auch für Arbeitgeber eine Reihe von Vorteilen. Diese Vorteile verändern die traditionellen Vorstellungen von Arbeit und führen zu flexibleren, effizienteren und zufriedenstellenderen Arbeitsumgebungen.

Für die Arbeitnehmer ist einer der wichtigsten Vorteile der hybriden Arbeitsformen die bessere Vereinbarkeit von Beruf und Familie. Die Flexibilität, aus der Ferne zu arbeiten, reduziert die Notwendigkeit des täglichen Pendelns, wodurch mehr Zeit für persönliche Aktivitäten oder die Familie zur Verfügung steht. Diese Flexibilität ermöglicht es den Mitarbeitern auch, zu ihren produktivsten Zeiten zu arbeiten, was den individuellen Arbeitsstilen und Präferenzen entgegenkommt. Darüber hinaus kann die Autonomie, die mit der Hybridarbeit einhergeht, zu einer höheren Arbeitszufriedenheit führen, da die Mitarbeiter das Gefühl haben, mehr Kontrolle über ihr Arbeitsumfeld und ihren Zeitplan zu haben.

Reduzierte Pendelzeiten sind ein weiterer großer Vorteil für Arbeitnehmer. Pendeln kann sowohl zeitaufwändig als auch stressig sein und sich auf das allgemeine Wohlbefinden und die Produktivität eines Mitarbeiters auswirken. Das hybride Modell kann durch die Möglichkeit der Fernarbeit das tägliche Pendeln für viele Mitarbeiter erheblich reduzieren oder sogar eliminieren, was zu weniger Stress und einer besseren Lebensqualität führt.

Für Arbeitgeber bieten hybride Arbeitsmodelle eine Reihe von Vorteilen. Einer der bemerkenswertesten ist die Senkung der Gemeinkosten. Da die Mitarbeiter einen Teil ihrer Arbeitszeit im Homeoffice verbringen, werden weniger große Büroräume benötigt, was zu erheblichen Einsparungen bei Miete, Nebenkosten und anderen bürobezogenen Ausgaben führen kann. Außerdem können Arbeitgeber durch die Einführung von Hybridmodellen auf einen größeren Talentpool zugreifen. Geografische Beschränkungen stellen kein Hindernis mehr dar, so dass Unternehmen die besten Talente von überall auf der Welt einstellen können.

Viele Unternehmen berichten von potenziellen Produktivitätssteigerungen durch die Einführung von hybriden Arbeitsmodellen. Die Flexibilität und Autonomie, die diese Modelle bieten, können zu engagierteren und motivierteren Mitarbeitern führen, was sich häufig in einer höheren Produktivität niederschlägt. Die Möglichkeit, aus der Ferne zu arbeiten, kann auch die Ablenkung am Arbeitsplatz verringern, was eine bessere Konzentration und Effizienz bei den Aufgaben ermöglicht.

Die Vorteile von hybriden Arbeitsmodellen sind vielfältig und bieten sowohl den Arbeitnehmern als auch den Arbeitgebern erhebliche Vorteile. Für die Arbeitnehmer gehören dazu eine bessere Vereinbarkeit von Beruf und Privatleben, kürzere Pendelzeiten und mehr Autonomie. Die Arbeitgeber profitieren von geringeren Gemeinkosten, Zugang zu einem breiteren Talentpool und potenziellen Produktivitätssteigerungen. Die Einführung und Verfeinerung von hybriden Arbeitsmodellen wird wahrscheinlich eine Schlüsselrolle bei der Gestaltung der Zukunft der Arbeit spielen, da die Unternehmen weiterhin durch die Welt nach der Pandemie navigieren.

Hybride Arbeitsmodelle bieten zwar zahlreiche Vorteile, bringen aber auch einzigartige Herausforderungen und Hindernisse mit sich, die Unternehmen überwinden müssen. Die Identifizierung und Bewältigung dieser Herausforderungen ist entscheidend für die erfolgreiche Umsetzung und Nachhaltigkeit von hybriden Arbeitsformen.

Eine der größten Herausforderungen ist die Aufrechterhaltung der Unternehmenskultur. In einem hybriden Arbeitsumfeld, in dem die Mitarbeiter nicht immer physisch im Büro anwesend sind, kann es schwierig sein, ein Gefühl der Zusammengehörigkeit und ein gemeinsames Ziel zu fördern. Der Mangel an persönlichen Kontakten kann sich auf den Zusammenhalt im Team und die gesamte Unternehmenskultur auswirken. Um dieses Problem zu lösen, finden Unternehmen kreative Wege, um ihre Teams zusammenzuhalten, wie z. B. virtuelle Teambuilding-Aktivitäten, regelmäßige Besprechungen aller Mitarbeiter und die Nutzung von Technologien, um informelle Interaktionen zwischen den Mitarbeitern zu erleichtern.

Effektive Kommunikation ist eine weitere große Herausforderung bei hybriden Arbeitsmodellen. Es kann eine Herausforderung sein, sicherzustellen, dass alle Teammitglieder, egal ob sie im Büro oder per Fernzugriff arbeiten, auf derselben Seite stehen. Missverständnisse und Informationslücken können häufiger auftreten. Unternehmen gehen dieses Problem an, indem sie umfassende Kommunikationswerkzeuge und -plattformen einführen, die die Zusammenarbeit und den Informationsaustausch in Echtzeit erleichtern. Regelmäßige Besprechungen, klare Kommunikationsprotokolle und der Einsatz von Software für die Zusammenarbeit tragen dazu bei, dass alle Beteiligten auf dem Laufenden bleiben und miteinander verbunden sind.

Eine weitere Hürde besteht darin, das Engagement der externen Mitarbeiter zu steuern. Remote-Mitarbeiter können sich isoliert oder von den allgemeinen Unternehmenszielen und -aktivitäten abgekoppelt fühlen. Dies kann zu einem Rückgang des Engagements und der Produktivität führen. Zu den Lösungen für diese Herausforderung gehört es, Mitarbeitern an entfernten Standorten Möglichkeiten zur beruflichen Weiterentwicklung zu bieten, ihre Beiträge anzuerkennen und sicherzustellen, dass sie Zugang zu den Ressourcen und der Unterstützung haben, die sie benötigen. Regelmäßige Feedback- und Engagementumfragen können ebenfalls dazu beitragen, die Bedürfnisse und Herausforderungen von Mitarbeitern im Außendienst zu verstehen.

Eine weitere Herausforderung ist die Gewährleistung von Fairness und Gleichberechtigung zwischen Mitarbeitern im Büro und im Außendienst. Es besteht die Gefahr eines Zweiklassensystems, bei dem Mitarbeiter im Büro mehr Sichtbarkeit und Zugang zu Möglichkeiten haben als ihre Kollegen an anderen Standorten. Um dies abzumildern, bemühen sich Unternehmen um die Einführung von Richtlinien und Praktiken, die die Gleichbehandlung, den Zugang und die Chancen für alle Mitarbeiter unabhängig von ihrem Arbeitsort gewährleisten.

Der Übergang zu hybriden Arbeitsmodellen bringt zwar Herausforderungen mit sich, wie z. B. die Aufrechterhaltung der Unternehmenskultur, eine effektive Kommunikation und das Management des Engagements von Mitarbeitern an entfernten Standorten, aber es gibt Strategien und Lösungen, um diese Probleme anzugehen. Indem sie sich auf Konnektivität, Kommunikation, Engagement und Gleichberechtigung konzentrieren, können Unternehmen diese Herausforderungen erfolgreich meistern und das volle Potenzial hybrider Arbeitsmodelle ausschöpfen.

Ein ausgewogenes Verhältnis zwischen den Vorteilen und Herausforderungen hybrider Arbeitsmodelle ist für Unternehmen von entscheidender Bedeutung, um die Vorteile zu optimieren und gleichzeitig die Nachteile zu minimieren. Dies erfordert einen strategischen Ansatz, der die Komplexität hybrider Arbeitsumgebungen anerkennt und berücksichtigt.

Eine wichtige Strategie ist die Entwicklung einer klaren und umfassenden Strategie für hybride Arbeitsverhältnisse. Diese Richtlinie sollte die Erwartungen umreißen, Leitlinien für Arbeitsregelungen enthalten und Fragen wie

Kommunikationsprotokolle, Leistungsbewertung und Work-Life-Balance behandeln. Klare Richtlinien helfen dabei, Standards zu setzen und sicherzustellen, dass alle Mitarbeiter, egal ob sie im Büro oder per Fernzugriff arbeiten, sich ihrer Verantwortlichkeiten und Ansprüche bewusst sind.

Der effektive Einsatz von Technologie ist ein weiterer entscheidender Faktor, um die Vorteile und Herausforderungen des hybriden Arbeitens auszugleichen. Unternehmen sollten in die richtigen Tools und Plattformen investieren, die die Zusammenarbeit, Kommunikation und Produktivität unabhängig vom physischen Standort erleichtern. Dazu gehören Projektmanagement-Tools, Kommunikationsplattformen und sichere Cloud-basierte Systeme für Datenzugriff und -speicherung. Die richtige Technologie kann die Kluft zwischen Mitarbeitern im Büro und an entfernten Standorten überbrücken und so eine kohärentere und effizientere Arbeitsumgebung fördern.

Die Schaffung von Gelegenheiten für regelmäßige persönliche Interaktionen, ob persönlich oder virtuell, ist wichtig für die Aufrechterhaltung einer starken Unternehmenskultur und des Teamzusammenhalts. Regelmäßige Teambesprechungen, virtuelle Check-Ins und gelegentliche persönliche Treffen (falls möglich) können dazu beitragen, Verbindungen aufzubauen und sicherzustellen, dass sich alle Teammitglieder einbezogen und geschätzt fühlen.

Eine andere Strategie besteht darin, sich auf Ergebnisse statt auf Arbeitsstunden zu konzentrieren. In einer hybriden Arbeitsumgebung kann es effektiver sein, den Schwerpunkt von traditionellen Produktivitätsmaßen wie der im Büro verbrachten Zeit auf tatsächliche Ergebnisse und Resultate zu verlagern. Dieser Ansatz erfordert die Festlegung klarer Ziele und Leistungskennzahlen, die sowohl für Mitarbeiter im Büro als auch für Mitarbeiter im Außendienst fair und realistisch sind.

Die Förderung einer Kultur des Vertrauens und der Flexibilität ist ebenfalls wichtig. In einem hybriden Arbeitsmodell ist das

Vertrauen der Mitarbeiter in ein effektives Arbeits- und Zeitmanagement entscheidend. Eine flexible Arbeitsgestaltung kann zur Mitarbeiterzufriedenheit und Produktivität beitragen, solange sie mit den Unternehmenszielen und den Kundenbedürfnissen in Einklang steht. Kontinuierliche Rückmeldungen und Anpassungen sind von entscheidender Bedeutung, um die Vor- und Nachteile hybrider Arbeitsformen auszugleichen. Unternehmen sollten regelmäßig Feedback von ihren Mitarbeitern darüber einholen, was funktioniert und was nicht, und darauf vorbereitet sein, ihre Strategien für hybride Arbeitsformen entsprechend anzupassen und zu verfeinern.

Wenn wir über die Zukunft hybrider Arbeitsmodelle nachdenken, wird deutlich, dass die aktuellen Entwicklungen und technologischen Fortschritte den Weg für ein flexibleres und dynamischeres Arbeitsumfeld ebnen. Um künftige Trends in diesem Bereich vorherzusagen, muss man verstehen, wie sich diese Elemente weiterentwickeln und den Arbeitsplatz gestalten werden.

Ein wichtiger Trend, der sich wahrscheinlich fortsetzen wird, ist die zunehmende Anpassung von hybriden Arbeitsmodellen. Je mehr Erfahrung Unternehmen mit hybriden Arbeitsformen haben, desto eher werden sie diese Modelle an ihre individuellen Bedürfnisse, die Anforderungen der Branche und die Präferenzen ihrer Mitarbeiter anpassen. Dies könnte eine größere Vielfalt an hybriden Arbeitsformen bedeuten, von völlig flexiblen Modellen, bei denen die Mitarbeiter ihren Arbeitsort frei wählen können, bis hin zu stärker strukturierten Regelungen mit festgelegten Büro- und Fernarbeitstagen.

Der technologische Fortschritt wird auch in Zukunft eine entscheidende Rolle bei der hybriden Arbeit spielen. Neue Technologien wie künstliche Intelligenz, Augmented Reality und virtuelle Realität werden die Zusammenarbeit aus der Ferne voraussichtlich weiter verbessern und sie interaktiver und immersiver machen. Diese Technologien könnten die Kluft zwischen physischen und virtuellen Arbeitsräumen überbrücken und den Mitarbeitern unabhängig von ihrem Standort eine nahtlosere Erfahrung bieten.

Die Rolle der ständigen Innovation bei der Gestaltung der Zukunft hybrider Arbeitsplätze kann nicht hoch genug eingeschätzt werden. In dem Maße, in dem neue Technologien auftauchen und bestehende verbessert werden, werden Unternehmen mehr Werkzeuge zur Verfügung haben, um die Kommunikation, Zusammenarbeit und Produktivität in hybriden Arbeitsumgebungen zu verbessern. Diese fortlaufende Innovation wird auch eine kontinuierliche Anpassung und ein ständiges Lernen sowohl von Arbeitgebern als auch von Arbeitnehmern erfordern.

In der Zukunft der hybriden Arbeitsformen werden das Wohlbefinden der Mitarbeiter und die Vereinbarkeit von Berufs- und Privatleben wahrscheinlich stärker in den Mittelpunkt rücken. Die Erfahrungen, die während der Pandemie mit der raschen Verlagerung auf Fernarbeit gemacht wurden, haben deutlich gemacht, wie wichtig es ist, die psychische und physische Gesundheit der Mitarbeiter zu fördern. Künftige Hybridmodelle könnten mehr wellnessorientierte Praktiken und Maßnahmen beinhalten, da das Wohlbefinden der Mitarbeiter ein wesentlicher Faktor für Produktivität und Arbeitszufriedenheit ist. Dieses Arbeitsmodell wird sich aufgrund des technologischen Fortschritts und der ständigen Innovation weiter entwickeln. Diese Modelle werden immer individueller werden, wobei der Schwerpunkt zunehmend auf der Schaffung von Arbeitsumgebungen liegt, die sowohl produktiv sind als auch das Wohlbefinden der Mitarbeiter fördern. Auf dem Weg in diese Zukunft werden Anpassungsfähigkeit und die Bereitschaft, neue Arbeitsformen zu akzeptieren, der Schlüssel zum Erfolg in der hybriden Arbeitswelt sein.

Wir haben wichtige Erkenntnisse gewonnen, die den aktuellen Stand und die mögliche Zukunft dieses sich entwickelnden Arbeitsparadigmas beschreiben. Dieses Kapitel hat die transformativen Auswirkungen hervorgehoben, die hybride Arbeitsmodelle sowohl auf Mitarbeiter als auch auf Unternehmen haben, und bietet ein nuanciertes Verständnis ihrer Vorteile, Herausforderungen und Strategien, um sie effektiv auszugleichen.

Die Verlagerung hin zu hybriden Arbeitsmodellen stellt einen bedeutenden Wandel in der Art und Weise dar, wie Arbeit wahrgenommen und ausgeführt wird. Wir haben gesehen, wie diese Modelle eine bessere Work-Life-Balance, mehr Autonomie für die Mitarbeiter und potenzielle Kosteneinsparungen für die Arbeitgeber bieten. Gleichzeitig stellen sie eine besondere Herausforderung dar, wenn es darum geht, die Unternehmenskultur aufrechtzuerhalten, eine effektive Kommunikation zu gewährleisten und eine verstreute Belegschaft zu verwalten.

Mit Blick auf die Zukunft scheint die Zukunft der hybriden Arbeit für eine weitere Entwicklung bereit zu sein, die von den laufenden technologischen Innovationen und einer zunehmenden Betonung der Individualisierung und des Wohlbefindens der Mitarbeiter geprägt ist. Die Anpassungsfähigkeit und Widerstandsfähigkeit, die Unternehmen und Mitarbeiter bei der Einführung hybrider Arbeitsmodelle an den Tag legen, zeigt, dass sie bereit sind, diese Entwicklung fortzusetzen.

Mit dem Übergang zum nächsten Kapitel verlagert sich unser Schwerpunkt auf die Technologie und die Infrastruktur, die für effektive hybride Arbeitsumgebungen erforderlich sind. In diesem Kapitel werden wir uns mit den Tools und Systemen befassen, die die Zusammenarbeit, Kommunikation und Produktivität aus der Ferne erleichtern. Es wird untersucht, wie technologische Fortschritte nahtlosere und effizientere hybride Arbeitsumgebungen ermöglichen und was Unternehmen beim Aufbau und der Pflege der Infrastruktur, die eine flexible, hybride Belegschaft unterstützt, beachten müssen.

Kapitel 6: Technologie und Infrastruktur für hybrides Arbeiten

Der Wandel hin zu hybriden Arbeitsmodellen wurde durch den technologischen Fortschritt erheblich gefördert. In der heutigen Welt ist die Technologie nicht nur ein Erleichterer, sondern ein entscheidender Wegbereiter für Remote- und Hybrid-Arbeitsmodelle. Sie überbrückt die Kluft zwischen physischen Büros und entfernten Arbeitsumgebungen und sorgt dafür, dass Teams unabhängig von ihrem Standort effektiv zusammenarbeiten können.

In diesem Kapitel untersuchen wir verschiedene technologische Tools und Plattformen, die in hybriden Arbeitsumgebungen unverzichtbar geworden sind. Dazu gehört eine Reihe von Lösungen, von Cloud-Computing-Diensten, die es den Mitarbeitern ermöglichen, aus der Ferne auf Arbeitsdateien und Anwendungen zuzugreifen, bis hin zu Kommunikations- und Kollaborationstools wie Videokonferenzen und Projektmanagement-Software, die es Teams ermöglichen, in Verbindung zu bleiben und produktiv zu arbeiten. Die richtige Technologie kann die Fernarbeit von einer bloßen Notwendigkeit in eine dynamische und interaktive Erfahrung verwandeln, die der Effizienz der traditionellen Büroarbeit entspricht oder diese sogar übertrifft.

Zum Verständnis der technologischen Infrastruktur der hybriden Arbeit gehört auch, dass man die Herausforderungen und Hindernisse bei ihrer Umsetzung erkennt. Dazu gehört die Auseinandersetzung mit Themen wie Cybersicherheit, Datenschutz und die Gewährleistung eines gleichberechtigten Zugangs zur Technologie für alle Mitarbeiter.

Im weiteren Verlauf dieses Kapitels soll ein ganzheitlicher Blick auf die Technologien geworfen werden, die hybriden Arbeitsmodellen zugrunde liegen, und es soll untersucht werden, wie sie optimal eingesetzt werden können, um eine kohärente, produktive und sichere Arbeitsumgebung zu schaffen. Die hier gewonnenen Erkenntnisse sind von zentraler Bedeutung für Unternehmen, die sich mit der Komplexität hybrider Arbeitsformen auseinandersetzen und das Potenzial der Technologie in dieser neuen Ära der Arbeit voll ausschöpfen wollen.

In der Landschaft des hybriden Arbeitens haben sich bestimmte Technologien als wesentlich für die Erleichterung der Zusammenarbeit und Produktivität erwiesen. Diese Tools und Plattformen sind ein wesentlicher Bestandteil bei der Überbrückung der Kluft zwischen Remote- und Büroumgebungen und gewährleisten, dass Teams unabhängig von ihrem physischen Standort nahtlos zusammenarbeiten können.

Eine Schlüsselkomponente dieses technologischen Instrumentariums sind Kommunikationsmittel. Videokonferenzsoftware wie Zoom oder Microsoft Teams ist im hybriden Arbeitsmodell allgegenwärtig geworden und ermöglicht persönliche Treffen, ohne dass eine physische Anwesenheit erforderlich ist. Diese Tools umfassen häufig auch Funktionen wie Chat, Dateifreigabe und Bildschirmfreigabe, was ihre Nützlichkeit für die gemeinsame Arbeit noch erhöht.

Projektmanagement-Software ist ein weiteres wichtiges Element in der hybriden Arbeitsumgebung. Tools wie Asana, Trello oder Jira helfen Teams, Fortschritte zu verfolgen, Aufgaben zu verwalten und in Echtzeit an Projekten zusammenzuarbeiten. Sie bieten eine zentrale Plattform, auf der die Teammitglieder Aktualisierungen, Fristen und Ergebnisse einsehen können, was besonders wichtig ist, wenn die Teammitglieder nicht physisch zusammen sind. Cloud-basierte Lösungen bilden das Rückgrat der technologischen Infrastruktur von Hybrid Work. Cloud-Speicher- und Computing-Dienste wie Google Drive, Dropbox oder AWS ermöglichen es den Mitarbeitern, von jedem beliebigen Standort aus auf Dokumente und Anwendungen zuzugreifen und daran zu arbeiten, und fördern so eine flexible und mobile Arbeitsumgebung. Die Cloud erleichtert auch die Datensynchronisierung und stellt sicher, dass alle Teammitglieder Zugriff auf die neuesten Versionen von Dokumenten und Ressourcen haben.

Die Integration dieser Technologien in die täglichen Arbeitsabläufe ist entscheidend für die Gewährleistung einer effektiven Zusammenarbeit in einem hybriden Arbeitsumfeld. Dies erfordert nicht nur den Einsatz dieser Werkzeuge, sondern auch die Schulung der Mitarbeiter für deren effektive Nutzung. Dazu gehört auch die Einrichtung von Protokollen und bewährten Verfahren für ihre Nutzung, wie etwa Richtlinien für die Kommunikation, die Datenspeicherung und die Projektverwaltung.

Bei der Integration dieser Werkzeuge sollte darauf geachtet werden, dass ein zusammenhängender digitaler Arbeitsbereich entsteht. Das bedeutet, dass die verschiedenen Tools miteinander kompatibel sein müssen und über eine einheitliche Schnittstelle leicht zugänglich sein müssen. Ziel ist es, eine Umgebung zu schaffen, in der der Übergang von der Arbeit im Büro zur Fernarbeit und umgekehrt so reibungslos wie möglich verläuft. Die wesentlichen Technologien für hybrides Arbeiten umfassen Kommunikationstools, Projektmanagement-Software und cloudbasierte Lösungen. Die effektive Integration dieser Technologien in die täglichen Arbeitsabläufe ist der Schlüssel zur Ausschöpfung des vollen Potenzials hybrider Arbeitsmodelle. Bei der weiteren Erforschung dieser Technologien werden wir darauf eingehen, wie sie optimiert werden können, um eine produktive, effiziente und vernetzte hybride Belegschaft zu unterstützen.

Das Konzept des virtuellen Arbeitsplatzes hat im Zeitalter der hybriden Arbeit, in dem die physischen Grenzen traditioneller Büros in den digitalen Bereich erweitert werden, zunehmend an Bedeutung gewonnen. Ein virtueller Arbeitsbereich bezieht sich auf eine Online-Umgebung, die Aspekte eines physischen Büros nachbildet oder verbessert und den Mitarbeitern eine Plattform bietet, um unabhängig von ihrem physischen Standort zu interagieren, zusammenzuarbeiten und ihre Aufgaben zu erledigen.

Zur Schaffung effektiver virtueller Arbeitsräume gehört mehr als nur die Bereitstellung der richtigen Tools und Technologien. Es bedarf durchdachter Strategien, um sicherzustellen, dass diese Umgebungen die Produktivität und Zusammenarbeit fördern. Der Schlüssel dazu ist die Schaffung eines organisierten, ansprechenden und zugänglichen digitalen Raums, der das Gemeinschaftsgefühl der Mitglieder von Remote-Teams fördert. Eine Strategie besteht darin, dafür zu sorgen, dass die virtuellen Arbeitsbereiche gut strukturiert und leicht zu navigieren sind. Dazu kann es gehören, digitale Dateien und Ressourcen auf logische Weise zu organisieren, Projektmanagement-Tools zu verwenden, um Aufgaben und Zuständigkeiten klar zu definieren, und sicherzustellen, dass die Kommunikationskanäle eingerichtet und von allen Teammitgliedern verstanden werden. Virtuelle Arbeitsräume sollten auch mit Tools für die Zusammenarbeit ausgestattet sein, die eine Kommunikation und Zusammenarbeit in Echtzeit ermöglichen, z. B. gemeinsam genutzte digitale Whiteboards, Plattformen für die Zusammenarbeit an Dokumenten und Instant-Messaging-Systeme.

Ein weiterer wichtiger Aspekt ist die Aufrechterhaltung eines Gefühls der Präsenz und des Engagements der Teammitglieder. Regelmäßige Videokonferenzen, virtuelle Teambuilding-Aktivitäten und informelle virtuelle Zusammenkünfte können dazu beitragen, den Zusammenhalt und die Moral des Teams zu erhalten. Außerdem muss sichergestellt werden, dass alle Teammitglieder den gleichen Zugang zu Informationen und die gleichen Möglichkeiten haben, sich einzubringen, um das Gefühl der Isolation oder des Ausschlusses zu vermeiden.

Der Einsatz von Virtual-Reality- (VR) und Augmented-Reality-Technologien (AR) bietet spannende Möglichkeiten zur Verbesserung von Remote-Arbeitserfahrungen. VR kann immersive virtuelle Umgebungen schaffen, in denen Mitarbeiter so interagieren können, als befänden sie sich im selben physischen

Raum, was besonders nützlich für Aktivitäten wie Brainstorming-Sitzungen, Schulungsprogramme oder die Simulation von Arbeitsszenarien sein kann. AR hingegen kann die physische Welt mit digitalen Informationen überlagern und so bei Aufgaben wie der virtuellen Reparatur von Geräten oder der Bereitstellung von Echtzeit-Datenüberlagerungen für komplexe Aufgaben helfen.

Diese fortschrittlichen Technologien können die Zusammenarbeit aus der Ferne interaktiver und ansprechender gestalten und die Kluft zwischen physischen und digitalen Arbeitsbereichen überbrücken. Ihre Implementierung erfordert jedoch eine sorgfältige Abwägung von Faktoren wie Kosten, Zugänglichkeit und den spezifischen Bedürfnissen des Unternehmens und seiner Mitarbeiter. Der Aufbau effektiver virtueller Arbeitsräume ist ein vielschichtiges Unterfangen. Es geht darum, eine strukturierte und ansprechende digitale Umgebung zu schaffen, die mit den richtigen Tools für die Zusammenarbeit und Kommunikation ausgestattet ist und durch fortschrittliche Technologien wie VR und AR erweitert werden kann. Bei der Vertiefung dieses Themas gehen wir der Frage nach, wie virtuelle Arbeitsräume optimiert werden können, um eine produktive, effiziente und kohärente Remote-Belegschaft zu unterstützen.

Der Erfolg hybrider Arbeitsmodelle hängt in hohem Maße von einer zuverlässigen Internetanbindung und -erreichbarkeit für Fernarbeitskräfte ab. Eine durchgängige und qualitativ hochwertige Konnektivität ist nicht nur eine Annehmlichkeit, sondern eine Notwendigkeit, um Produktivität und reibungslose Zusammenarbeit in einer hybriden Arbeitsumgebung zu gewährleisten. Eine zuverlässige Internetverbindung ist für Remote-Mitarbeiter von grundlegender Bedeutung, damit sie effektiv auf virtuelle Arbeitsbereiche zugreifen, Tools für die Zusammenarbeit nutzen und mit Teammitgliedern kommunizieren können. Eine schlechte Konnektivität kann zu Kommunikationsunterbrechungen, Verzögerungen im Projektzeitplan und einem allgemeinen Rückgang der Produktivität führen. Dies kann auch zu Frustration und Desinteresse unter den Teammitgliedern führen und sich auf die gesamte Teamdynamik und Arbeitskultur auswirken.

Um eine konsistente und qualitativ hochwertige Konnektivität für ihre Mitarbeiter zu gewährleisten, können Unternehmen verschiedene Best Practices anwenden:

1. Bereitstellung der erforderlichen Hardware und Software: Unternehmen können ihre Außendienstmitarbeiter mit der erforderlichen Hardware ausstatten, z. B. mit Laptops, Smartphones und vielleicht sogar mit Wi-Fi-Extendern oder Signalverstärkern. Sie können auch Softwarelösungen bereitstellen, die die Bandbreitennutzung optimieren und sichere Verbindungen gewährleisten.

2. Unterstützung bei der Einrichtung von Heimarbeitsplätzen: Das Angebot von Stipendien oder Erstattungen für die Einrichtung von Heimarbeitsplätzen kann Mitarbeiter dazu ermutigen, in hochwertige Internetdienste zu investieren. Unternehmen könnten auch erwägen, Richtlinien oder Empfehlungen für die Einrichtung eines effizienten Heimarbeitsplatzes bereitzustellen.

3. VPN und sicherer Netzwerkzugang: Die Gewährleistung des Zugangs der Mitarbeiter zu einem sicheren virtuellen privaten Netzwerk (VPN) ist für den Schutz der Unternehmensdaten und die Wahrung der Privatsphäre entscheidend. Dies ist besonders wichtig für Unternehmen, die mit sensiblen Informationen arbeiten.

4. Flexible Arbeitszeiten: Da die Internetverbindung im Laufe des Tages schwanken kann, insbesondere in Gemeinschafts- oder Wohngebieten, können flexible Arbeitszeiten es den Mitarbeitern ermöglichen, dann zu arbeiten, wenn ihre Internetverbindung am stabilsten ist.

5. Schulung und technische Unterstützung: Schulungen über bewährte Verfahren zur Aufrechterhaltung einer stabilen Internetverbindung und ein schnell verfügbarer technischer Support können den Mitarbeitern helfen, Verbindungsprobleme schnell zu beheben.

6. Regelmäßige Überprüfung der Konnektivität: Die Förderung regelmäßiger Konnektivitätsprüfungen oder Audits kann dazu beitragen, potenzielle Probleme zu erkennen und zu beheben, bevor sie die Arbeit beeinträchtigen.

7. Investitionen in die technologische Infrastruktur: Für einige Unternehmen können Investitionen in eine verbesserte technologische Infrastruktur, wie z. B. erweiterte Cloud-Funktionen oder spezielle Kommunikationsplattformen, stabilere und effizientere Konnektivitätslösungen für ihre Mitarbeiter bieten.

Indem sie sich auf diese bewährten Verfahren konzentrieren, können Unternehmen sicherstellen, dass ihre mobilen und hybriden Mitarbeiter verbunden und produktiv bleiben. Zuverlässige Internetverbindungen und Erreichbarkeit sind wichtige Voraussetzungen für effektive hybride Arbeitsmodelle und erfordern daher besondere Aufmerksamkeit und Investitionen.

In einem hybriden Arbeitsmodell, bei dem die Mitarbeiter ihre Zeit zwischen entfernten Standorten und dem Büro aufteilen, werden die Herausforderungen für die Cybersicherheit komplexer und vielschichtiger. Der verteilte Charakter der Belegschaft erhöht das Potenzial für Sicherheitsschwachstellen, so dass es für Unternehmen unerlässlich ist, robuste Sicherheitsmaßnahmen und -protokolle einzuführen.

Eine der größten Herausforderungen für die Cybersicherheit in hybriden Arbeitsumgebungen ist das erhöhte Risiko von Datenverletzungen und Cyberangriffen. Bei der Fernarbeit wird häufig auf persönliche oder weniger sichere Netzwerke zurückgegriffen, die anfälliger für Sicherheitsverletzungen sein können als gesicherte Büronetzwerke. Darüber hinaus kann die Verwendung privater Geräte für Arbeitszwecke ein Risiko darstellen, wenn diese Geräte nicht ordnungsgemäß gesichert sind.
Um diesen Herausforderungen zu begegnen, müssen Unternehmen umfassende Sicherheitsmaßnahmen und -protokolle

einführen. Dazu gehören die Verwendung sicherer virtueller privater Netzwerke (VPNs) zum Schutz der Datenübertragung, der Einsatz von Firewalls und Antivirensoftware sowie die Gewährleistung eines sicheren Zugangs zu den Systemen des Unternehmens durch eine mehrstufige Authentifizierung und strenge Passwortrichtlinien. Ein weiterer wichtiger Aspekt der Cybersicherheit in einem hybriden Arbeitsmodell ist der Schutz sensibler Daten. Unternehmen sollten die Verschlüsselung von Daten sowohl bei der Übertragung als auch im Ruhezustand in Betracht ziehen und strenge Zugangskontrollen einführen, um sicherzustellen, dass nur befugtes Personal Zugang zu sensiblen Daten hat. Regelmäßige Sicherheitsaudits und Schwachstellenbewertungen können helfen, potenzielle Sicherheitslücken zu erkennen und zu schließen.

Auch die Schulung und Sensibilisierung der Mitarbeiter ist ein wichtiger Bestandteil einer soliden Cybersicherheitsstrategie. Die Mitarbeiter müssen über gängige Cyber-Bedrohungen wie Phishing-Angriffe aufgeklärt werden und wissen, wie sie diese erkennen und melden können. Die Schulungen sollten auch sichere Internetpraktiken, die Bedeutung regelmäßiger Software-Updates und Richtlinien für die Nutzung privater Geräte für die Arbeit abdecken.

Unternehmen sollten klare Cybersicherheitsrichtlinien und -protokolle entwickeln und kommunizieren. Diese Richtlinien sollten die Verantwortlichkeiten der Mitarbeiter bei der Aufrechterhaltung der Sicherheit umreißen, Leitlinien für sichere Remote-Arbeitspraktiken bieten und Verfahren für die Reaktion auf Sicherheitsvorfälle festlegen. Die Schaffung einer Kultur des Bewusstseins für Cybersicherheit ist von entscheidender Bedeutung. Eine regelmäßige Kommunikation über Sicherheitsbedrohungen und die Erinnerung an bewährte Praktiken können dazu beitragen, dass das Thema Cybersicherheit im Bewusstsein der Mitarbeiter verankert bleibt. Die Einbeziehung der Mitarbeiter in die Sicherheitsplanung und in das Feedback kann auch ihr Engagement für die Einhaltung der Sicherheitsprotokolle erhöhen.

Die Cybersicherheit in einem hybriden Arbeitsmodell erfordert einen umfassenden Ansatz, der Technologielösungen mit der Schulung und Sensibilisierung der Mitarbeiter kombiniert. Durch die Implementierung robuster Sicherheitsmaßnahmen, die Schulung von Mitarbeitern und die Förderung einer Kultur des Sicherheitsbewusstseins können Unternehmen ihre Daten und Systeme vor den erhöhten Risiken schützen, die durch hybride Arbeitsumgebungen entstehen.

In hybriden Arbeitsumgebungen können bestimmte technologische Hürden den reibungslosen Betrieb und die Effizienz der Belegschaft behindern. Die Identifizierung und Überwindung dieser Herausforderungen ist von entscheidender Bedeutung, um sicherzustellen, dass alle Teammitglieder, unabhängig von ihrem Standort, über die notwendigen Werkzeuge und Ressourcen verfügen, um ihre Aufgaben effektiv zu erfüllen.

Eine häufige Hürde ist das Problem der uneinheitlichen Technologieerfahrung zwischen Büro- und Remote-Umgebungen. Mitarbeiter, die an entfernten Standorten arbeiten, haben möglicherweise nicht den gleichen Zugang zu Technologie und Ressourcen wie die Mitarbeiter im Büro, was zu Unterschieden in der Arbeitseffizienz und Zusammenarbeit führen kann. Um dieses Problem zu lösen, können Unternehmen die verwendeten Technologien und Tools standardisieren. Die Bereitstellung der gleichen Hardware und Software wie im Büro kann eine einheitliche Arbeitserfahrung gewährleisten.

Eine weitere Herausforderung ist das Fehlen eines angemessenen technischen Supports für Remote-Mitarbeiter. Wenn technische Probleme auftreten, haben Remote-Mitarbeiter möglicherweise keinen unmittelbaren Zugang zum internen IT-Support. Zu den Lösungen gehören die Einrichtung eines robusten IT-Fernsupportsystems, das Angebot virtueller Helpdesks und die Bereitstellung klarer Richtlinien und Ressourcen für die Behebung gängiger Probleme. Probleme mit der Konnektivität sind ebenfalls ein großes Hindernis in hybriden Arbeitsumgebungen. Die Gewährleistung einer stabilen und sicheren Internetverbindung für Remote-Mitarbeiter ist von entscheidender Bedeutung. Lösungen können darin bestehen, Zuschüsse für hochwertige Internetdienste zu Hause zu gewähren, mobile Hotspots anzubieten oder Technologien zu implementieren, die die Bandbreitennutzung für die Fernarbeit optimieren.

Einigen Mitarbeitern fehlen möglicherweise die Fähigkeiten oder Kenntnisse, um neue Technologien effektiv zu nutzen, was zu einer unzureichenden Nutzung und Ineffizienz führt. Um hier Abhilfe zu schaffen, können Unternehmen in umfassende Schulungsprogramme investieren, die auf die Bedürfnisse ihrer Belegschaft zugeschnitten sind. Diese Programme sollten nicht nur die Grundlagen der Nutzung der Technologie abdecken, sondern auch bewährte Verfahren für die Fernzusammenarbeit und die Sicherheit. Ein gleichberechtigter Zugang zur Technologie ist ebenfalls entscheidend. Unternehmen sollten die spezifischen Bedürfnisse ihrer Mitarbeiter, einschließlich derer mit Behinderungen, ermitteln, um geeignete Vorkehrungen und Hilfsmittel bereitzustellen, die eine integrative Arbeitsumgebung unterstützen.

Die Integration verschiedener Technologien kann für die Mitarbeiter überwältigend sein. Eine einheitliche Plattform oder Schnittstelle, die verschiedene Tools und Anwendungen integriert, kann die Technologielandschaft für die Nutzer vereinfachen und den Zugang zu verschiedenen Tools und deren effektive Nutzung erleichtern. Die Überwindung technologischer Barrieren in hybriden Arbeitsumgebungen beinhaltet die Sicherstellung einer konsistenten Technologieerfahrung, die Bereitstellung eines robusten IT-Fernsupports, die Lösung von Konnektivitätsproblemen, das Angebot umfassender Schulungen, die Gewährleistung eines gleichberechtigten Zugangs und die Vereinfachung der Integration verschiedener Technologien. Durch die Umsetzung dieser Lösungen und Strategien können Unternehmen eine effizientere, integrativere und kollaborative hybride Arbeitsumgebung schaffen.

Die Entwicklung hybrider Arbeitsmodelle hat die Rolle des IT-Supports erheblich verändert und ihn noch wichtiger und komplexer gemacht. In einer hybriden Umgebung, in der die Mitarbeiter zwischen Büros und entfernten Standorten verstreut sind, sind die Anforderungen an den IT-Support vielfältig und erfordern oft innovative Lösungen. Die veränderte Rolle des IT-Supports in einem hybriden Arbeitsmodell umfasst nicht nur die Lösung technischer Probleme, sondern auch die proaktive Verwaltung der technologischen Infrastruktur, um einen reibungslosen Betrieb zu gewährleisten. IT-Teams müssen in der Lage sein, eine Reihe von Herausforderungen zu bewältigen, von Konnektivitätsproblemen und Software-Fehlerbehebung bis hin zu Cybersicherheit und Datenmanagement.

Eine der besten Methoden für IT-Teams, um effektiven Support aus der Ferne zu leisten, ist die Einrichtung eines robusten Fernsupportsystems. Dazu kann ein Helpdesk- oder Ticketingsystem gehören, auf das alle Mitarbeiter unabhängig von ihrem Standort zugreifen können. Dieses System sollte in der Lage sein, Anfragen effizient zu bearbeiten, Probleme zu verfolgen und schnelle Lösungen zu ermöglichen.

Ein weiteres wichtiges Verfahren ist die Implementierung von Tools für die Fernüberwachung und -verwaltung. Diese Tools ermöglichen es IT-Teams, den Zustand und die Leistung von Geräten und Systemen aus der Ferne zu überwachen, Wartungsaufgaben durchzuführen und Probleme zu beheben, bevor sie zu großen Problemen werden. Remote-Management-Tools können auch bei der Verwaltung von Software-Updates und Sicherheits-Patches helfen und so sicherstellen, dass alle Geräte sicher und auf dem neuesten Stand sind.

Auch die Schulung und Befähigung der Mitarbeiter, grundlegende Fehlerbehebungen selbst durchzuführen, kann den IT-Support entlasten. Dies kann durch regelmäßige Schulungen, detaillierte Benutzerhandbücher und Selbstbedienungsressourcen erreicht werden. Die Befähigung der Mitarbeiter mit grundlegenden IT-Kenntnissen kann das Volumen der Supportanfragen verringern und es den IT-Teams ermöglichen, sich auf komplexere Probleme zu konzentrieren.

Eine gute Kommunikation zwischen dem IT-Support und dem Rest des Unternehmens ist ebenfalls wichtig. Regelmäßige Updates zu Systemänderungen, Wartungsplänen und Cybersicherheitsbedrohungen können dazu beitragen, dass alle Mitarbeiter informiert und wachsam bleiben. Außerdem sollten Feedback-Mechanismen vorhanden sein, um die Herausforderungen und Erfahrungen der Mitarbeiter mit der Technologie zu verstehen und eine kontinuierliche Verbesserung zu ermöglichen.

Die IT-Unterstützung in einem hybriden Arbeitsmodell erfordert auch Flexibilität und Anpassungsfähigkeit. Da sich hybride Arbeitsumgebungen ständig weiterentwickeln, müssen IT-Teams darauf vorbereitet sein, ihre Strategien und Tools an die sich ändernden Bedürfnisse und Herausforderungen anzupassen. Dazu kann es gehören, mit neuen Technologien zu experimentieren, die Supportzeiten an unterschiedliche Zeitzonen anzupassen oder den Support für verschiedene Teams oder Abteilungen zu individualisieren.

Die Rolle des IT-Supports in hybriden Arbeitsmodellen ist vielschichtig und für das reibungslose Funktionieren des Unternehmens unerlässlich. Effektiver Remote-Support, proaktives Systemmanagement, Mitarbeiterschulung, starke Kommunikation und Anpassungsfähigkeit sind wichtige Best Practices, die IT-Teams anwenden sollten, um in einer hybriden Arbeitsumgebung effektiven Support zu leisten.

Mit Blick auf die Zukunft des hybriden Arbeitens ist es offensichtlich, dass technologische Fortschritte weiterhin eine entscheidende Rolle bei der Gestaltung dieser Arbeitsumgebungen spielen werden. Diese Entwicklungen zu antizipieren und zu verstehen, ist für Unternehmen von entscheidender Bedeutung, um anpassungsfähig und reaktionsschnell zu bleiben und sicherzustellen, dass sie das volle Potenzial der Technologie nutzen, um hybride Arbeitsmodelle zu verbessern.

Einer der wichtigsten Bereiche für künftige technologische Fortschritte wird wahrscheinlich bei den Kommunikations- und Kollaborationswerkzeugen liegen. Da sich hybrides Arbeiten immer mehr durchsetzt, ist mit weiteren Innovationen bei diesen Werkzeugen zu rechnen, um die Interaktion aus der Ferne so nahtlos und ansprechend zu gestalten wie bei persönlichen Treffen. Dazu könnten Fortschritte im Bereich der virtuellen und erweiterten Realität gehören, die ein noch intensiveres Meeting-Erlebnis ermöglichen, sowie neue Plattformen, die verschiedene Formen der Kommunikation und Zusammenarbeit effektiver integrieren.

Ein weiterer wichtiger Trend könnte der verstärkte Einsatz von künstlicher Intelligenz und maschinellem Lernen bei der Automatisierung von Routineaufgaben und der Bereitstellung datengestützter Erkenntnisse sein. Diese Technologie könnte personalisiertere und effizientere Arbeitserfahrungen ermöglichen, von der Automatisierung der Zeitplanung und administrativer Aufgaben bis hin zur Bereitstellung von Erkenntnissen für Mitarbeiter zur Optimierung ihrer Arbeitsprozesse und Produktivität.

Die Bedeutung der Cybersicherheit wird auch im Zusammenhang mit hybrider Arbeit weiter zunehmen. Da die Grenzen zwischen Büro- und Fernarbeit verschwimmen, wird die Sicherung von Unternehmensnetzen und -daten über mehrere Standorte und Geräte hinweg noch wichtiger werden. Wir können mit Fortschritten bei den Cybersecurity-Technologien rechnen, darunter ausgefeiltere Verschlüsselungsmethoden, fortschrittliche Systeme zur Erkennung von Bedrohungen und Lösungen zur sicheren Zugangsverwaltung.

Die Infrastruktur für die Fernarbeit wird sich wahrscheinlich mit der weiteren Entwicklung der Cloud-Technologien und der Netzinfrastruktur weiterentwickeln. Diese Entwicklung könnte zu robusteren und sichereren Cloud-Diensten, höheren Internetgeschwindigkeiten und zuverlässigeren Konnektivitätslösungen führen, die die Fernarbeit effizienter und zugänglicher machen.

Für Unternehmen ist es von entscheidender Bedeutung, dass sie anpassungsfähig bleiben und auf diese neuen Technologien reagieren können. Dazu ist es nicht nur erforderlich, mit den technologischen Trends Schritt zu halten, sondern auch eine Kultur der Innovation und des kontinuierlichen Lernens innerhalb der Organisation zu fördern. Dazu gehört auch, die IT-Infrastruktur und -Richtlinien regelmäßig zu überprüfen und zu aktualisieren, um neue Technologien zu integrieren und sicherzustellen, dass die Mitarbeiter geschult und mit diesen Fortschritten vertraut sind.

Die Zukunft der Technologie für hybrides Arbeiten steht vor bedeutenden Fortschritten, mit potenziellen Auswirkungen auf Kommunikation, Zusammenarbeit, Automatisierung, Cybersicherheit und Infrastruktur. Für Unternehmen wird es entscheidend sein, informiert und anpassungsfähig zu bleiben und auf diese Veränderungen zu reagieren, um Technologie in hybriden Arbeitsmodellen effektiv zu nutzen und einen Wettbewerbsvorteil in der sich entwickelnden Arbeitslandschaft zu behalten.

Kapitel 7: Verwaltung entfernter Teams

Wir werden die Feinheiten des Managements von Remote-Teams untersuchen, eine entscheidende Komponente der hybriden und Remote-Arbeitsmodelle, die in der heutigen Arbeitswelt immer häufiger anzutreffen sind. Dieser einführende Abschnitt legt den Grundstein für das Verständnis der einzigartigen Nuancen und Herausforderungen, die mit der Leitung und Verwaltung von Teams außerhalb der traditionellen Büroumgebung einhergehen.

Die Verlagerung hin zu Fernarbeit und hybriden Arbeitsmodellen hat die Notwendigkeit spezieller Führungs- und Managementstrategien ans Licht gebracht. In einem entfernten Arbeitsumfeld sind herkömmliche Managementmethoden, die sich weitgehend auf persönliche Interaktionen und die physische Anwesenheit im Büro stützen, nicht mehr vollständig wirksam. Das Management von Remote-Teams erfordert einen anderen Ansatz, der die Herausforderungen der räumlichen Trennung berücksichtigt, sich bei der Kommunikation stark auf Technologie stützt und mehr Wert auf Vertrauen und Autonomie legt.

Das Management von Remote-Teams umfasst verschiedene Aspekte, von der Sicherstellung einer effektiven Kommunikation und Zusammenarbeit bis hin zur Aufrechterhaltung der Moral und Produktivität des Teams. Dabei gilt es, die Herausforderungen verschiedener Zeitzonen, kultureller Unterschiede und individueller Arbeitsstile zu meistern und gleichzeitig die Ziele des Unternehmens zu erreichen.

Die Leiter und Manager von Remote-Teams müssen auch mit digitalen Tools für die Teamkoordination und das Projektmanagement vertraut sein. Sie müssen proaktiv den Teamzusammenhalt und das Zugehörigkeitsgefühl der

Teammitglieder fördern, die sich aufgrund fehlender persönlicher Kontakte isoliert fühlen können.

Dieses Kapitel bildet die Grundlage für die Erkundung verschiedener Strategien, Tools und bewährter Verfahren für die Verwaltung von Remote-Teams. Es soll Einblicke in die Schaffung einer effektiven Remote-Arbeitskultur, die Sicherstellung der Teamproduktivität und die Aufrechterhaltung des Engagements und der Zufriedenheit der Mitarbeiter in einer Remote- oder Hybrid-Arbeitsumgebung geben. Im Laufe dieses Kapitels werden wir die wesentlichen Fähigkeiten und Ansätze aufdecken, die für ein erfolgreiches Management von Remote-Teams am modernen Arbeitsplatz erforderlich sind.

Führung an entfernten Standorten erfordert eine Abkehr von traditionellen Führungsstilen und eine Anpassung an die einzigartige Dynamik entfernter Arbeitsumgebungen. Eine wirksame Führung in diesen Umgebungen hängt von der Förderung der Kommunikation, dem Aufbau von Vertrauen und der Vorbildfunktion ab.

Die Anpassung des Führungsstils an entfernte Umgebungen bedeutet oft eine Abkehr vom Mikromanagement und eine Hinwendung zu einem stärker vertrauensbasierten Ansatz. Die Führungskräfte müssen ihren Teams zutrauen, dass sie ihre Aufgaben ohne ständige Kontrolle effektiv bewältigen. Dieser Wandel erfordert eine klare Kommunikation der Erwartungen und Ziele, wobei den Teammitgliedern Autonomie bei der Erreichung dieser Ziele eingeräumt werden muss.

Eine wirksame Kommunikation ist in entfernten Umgebungen von größter Bedeutung. Die Führungskräfte müssen dafür sorgen, dass sich alle Teammitglieder trotz des fehlenden persönlichen Kontakts verbunden und informiert fühlen. Dazu gehören regelmäßige Besprechungen, klare und konsistente Kommunikationskanäle und eine transparente Weitergabe von Informationen. Digitale Tools wie Videokonferenzen, Instant Messaging und Plattformen für die Zusammenarbeit spielen eine entscheidende Rolle bei der Erleichterung dieser Kommunikation.

Der Aufbau von Vertrauen ist ein weiterer wichtiger Aspekt der Remote-Führung. Vertrauen wird in einer Remote-Umgebung durch konsequentes Handeln, Zuverlässigkeit und offene Kommunikation gefördert. Führungskräfte sollten ihr Engagement für den Erfolg und das Wohlergehen der Teammitglieder unter Beweis stellen und dabei Einfühlungsvermögen und Verständnis für die besonderen Herausforderungen der Telearbeit zeigen.

Mit gutem Beispiel voranzugehen, ist in der Fernarbeit besonders effektiv. Führungskräfte, die sich die Instrumente und Praktiken der Fernarbeit zu eigen machen, setzen ein positives Zeichen für ihre Teams. Dazu gehört, dass sie sich an die Etikette für Online-Meetings halten, die Grenzen zwischen Arbeit und Privatleben respektieren und effektive Praktiken für die Fernarbeit vorleben.

Führungskräfte, die aus der Ferne arbeiten, stehen auch vor besonderen Herausforderungen, z. B. der Leitung eines Teams, das über verschiedene Zeitzonen verteilt ist, der Sicherstellung einer gleichberechtigten Teilnahme und Sichtbarkeit für alle Teammitglieder und der Aufrechterhaltung des Teamzusammenhalts. Die Bewältigung dieser Herausforderungen erfordert oft kreative Lösungen, wie z. B. flexible Besprechungspläne, rotierende Besprechungszeiten, um verschiedenen Zeitzonen gerecht zu werden, und die Schaffung von Möglichkeiten für informelle virtuelle Interaktionen, um die Kameradschaft im Team zu fördern.

Die Anerkennung und Würdigung von Leistungen kann in einer entfernten Umgebung eine größere Herausforderung darstellen. Die Führungskräfte müssen Wege finden, um die Erfolge des Einzelnen und des Teams zu würdigen. Dies kann durch virtuelle Anfeuerungen, Anerkennung in Teamsitzungen oder digitale Belohnungssysteme geschehen. Führung in einer entfernten Umgebung erfordert eine Mischung aus angepassten Managementstilen, effektivem Einsatz von Kommunikationsmitteln, Vertrauensbildung, Vorbildfunktion und innovativen Lösungen für einzigartige Herausforderungen. Mit diesen Strategien können Führungskräfte ihre Teams unabhängig von räumlichen Entfernungen effektiv führen und inspirieren.

Das Engagement in entfernten Arbeitsumgebungen hängt von einer Reihe einzigartiger Faktoren ab, die sich von traditionellen Büroumgebungen unterscheiden. Um das Engagement und die Verbundenheit von Mitarbeitern an entfernten Standorten aufrechtzuerhalten, sind innovative Ansätze und Strategien erforderlich, die die Herausforderungen der räumlichen Trennung und der digitalen Kommunikation bewältigen. Ein Schlüsselfaktor für das Engagement an entfernten Arbeitsplätzen ist das Gefühl, geschätzt zu werden und mit dem Team und dem gesamten Unternehmen verbunden zu sein. Dies kann durch regelmäßige und sinnvolle Kommunikation, Anerkennung von Leistungen und Möglichkeiten zur beruflichen Weiterentwicklung gefördert werden.

Innovative Ansätze für das Engagement in entfernten Umgebungen beinhalten oft die Nutzung von Technologie, um interaktive und gemeinschaftliche Erfahrungen zu schaffen. Virtuelle Teambuilding-Aktivitäten, wie Online-Spiele, Gruppenherausforderungen oder digitale Workshops, können die Monotonie der Fernarbeit durchbrechen und den Teamgeist fördern. Diese Aktivitäten helfen dabei, Beziehungen zwischen den Teammitgliedern aufzubauen und ein Gefühl der Zugehörigkeit zu schaffen.

Eine weitere wichtige Strategie ist die Durchführung regelmäßiger Check-Ins und Einzelgespräche. Diese Sitzungen bieten den Mitarbeitern eine Plattform, um ihre Gedanken, Herausforderungen und Erfolge mitzuteilen. Sie ermöglichen es den Managern auch, persönliche Unterstützung und Feedback anzubieten und so einen zweiseitigen Kommunikationskanal zu fördern, der für das Engagement unerlässlich ist.

Die Bereitstellung von Lern- und Entwicklungsmöglichkeiten ist ebenfalls von entscheidender Bedeutung, wenn es darum geht, Mitarbeiter im Außendienst zu halten. Online-Schulungsprogramme, Webinare und Workshops können den

Mitarbeitern helfen, neue Fähigkeiten zu entwickeln und über Branchentrends auf dem Laufenden zu bleiben, was zu ihrem beruflichen Wachstum beiträgt. Die Förderung informeller Interaktionen und sozialer Verbindungen zwischen den Teammitgliedern kann das Engagement weiter steigern. Die Schaffung virtueller Räume für zwanglose Gespräche, wie z. B. digitale Kaffeepausen oder nicht arbeitsbezogene Chat-Kanäle, kann den sozialen Aspekt einer Büroumgebung nachahmen und die Teambindung stärken.

Ein weiterer wichtiger Aspekt ist die Förderung des Gemeinschaftsgefühls unter den Mitarbeitern an entfernten Standorten. Dies kann durch regelmäßige Team-Updates, den Austausch von Unternehmensnachrichten, das Feiern von Meilensteinen und Erfolgen und die Einbeziehung der Mitarbeiter in Entscheidungsprozesse erreicht werden. Die Gewährleistung eines ausgewogenen Verhältnisses zwischen Arbeits- und Privatleben ist an entfernten Standorten von entscheidender Bedeutung. Wenn Mitarbeiter dazu ermutigt werden, Grenzen zu setzen, die Zeit des anderen zu respektieren und regelmäßig Pausen einzulegen, kann dies einem Burnout vorbeugen und das allgemeine Wohlbefinden erhalten. Strategien zur Einbindung von Mitarbeitern an entfernten Standorten sollten sich darauf konzentrieren, ein Gefühl der Verbundenheit zu schaffen, Möglichkeiten zur Interaktion und zum Wachstum zu bieten und eine gesunde Work-Life-Balance zu gewährleisten. Durch die Umsetzung dieser Strategien können Unternehmen eine lebendige und engagierte Remote-Belegschaft fördern.

Effektive Kommunikation ist die Lebensader von Remote-Teams und spielt eine entscheidende Rolle bei der Gewährleistung von Zusammenarbeit, Produktivität und Teamzusammenhalt. In Abwesenheit von persönlichen Gesprächen ist eine klare, konsistente und effektive Kommunikation umso wichtiger.

Die Bedeutung einer klaren und konsistenten Kommunikation in Remote-Teams kann gar nicht hoch genug eingeschätzt werden. Sie hilft dabei, Erwartungen zu formulieren, Missverständnisse zu vermeiden und die Teammitglieder auf ihre Ziele und Aufgaben einzustimmen. Eine wirksame Kommunikation trägt auch zu einem Gefühl der Gemeinschaft und Zugehörigkeit unter den Teammitgliedern bei, was in einer entfernten Umgebung sonst schwer zu erreichen ist.

Um eine offene Kommunikation aufrechtzuerhalten, werden verschiedene Instrumente und Verfahren eingesetzt. Videokonferenz-Tools wie Zoom oder Microsoft Teams erleichtern die Interaktion von Angesicht zu Angesicht und Diskussionen in Echtzeit, was bei komplexen oder sensiblen Gesprächen unerlässlich ist. Instant-Messaging-Plattformen wie Slack oder Microsoft Teams bieten einen Raum für schnelle, informelle Chats und Updates, die eine unmittelbarere und weniger formelle Kommunikation ermöglichen.

Die E-Mail ist nach wie vor ein Grundnahrungsmittel für formellere und detailliertere Kommunikation. Allerdings sollte die E-Mail-Kommunikation klar und prägnant sein, um Fehlinterpretationen und Informationsüberflutung zu vermeiden. Gemeinsame Tools für die Zusammenarbeit wie Google Workspace oder Microsoft 365 ermöglichen es Teams, gemeinsam an Dokumenten, Tabellen und Präsentationen zu arbeiten, um sicherzustellen, dass alle auf derselben Seite stehen.

Ein ausgewogenes Verhältnis zwischen synchronen und asynchronen Kommunikationsmethoden ist in Remote-Teams von entscheidender Bedeutung, vor allem, wenn man über verschiedene Zeitzonen hinweg arbeitet. Synchrone Kommunikation, wie Videoanrufe oder Echtzeit-Chat, ist wichtig für die unmittelbare Zusammenarbeit und den Aufbau von Beziehungen. Asynchrone Kommunikation, wie E-Mails und gemeinsame Dokumente, bietet Flexibilität und ermöglicht es den Teammitgliedern, zu einem Zeitpunkt beizutragen, der ihnen am besten passt. Es ist wichtig, Richtlinien für den Einsatz der einzelnen Kommunikationsarten festzulegen und dabei die Zeit und Arbeitsbelastung der einzelnen Teammitglieder zu berücksichtigen.

Regelmäßige Teamsitzungen und Einzelgespräche sind ebenfalls wichtige Praktiken. Sie bieten Gelegenheit für Aktualisierungen, Feedback und das Ansprechen von Problemen oder Bedenken. Diese Treffen sollten strukturiert und zielgerichtet sein, um die Effizienz zu maximieren und die Zeit aller Beteiligten zu respektieren.

Die Anpassung von Leistungsmanagementprozessen für Remote-Teams ist von entscheidender Bedeutung, um sicherzustellen, dass die Mitarbeiter produktiv und motiviert bleiben und sich an den Unternehmenszielen orientieren. In einem entfernten Umfeld müssen die traditionellen Methoden der Leistungsbewertung, die sich oft stark auf physische Anwesenheit und Beobachtung stützen, überdacht und überarbeitet werden.

Eines der Schlüsselelemente für ein effektives Leistungsmanagement an entfernten Arbeitsplätzen ist die Festlegung klarer Ziele und Erwartungen. Fernmitarbeiter profitieren von spezifischen, messbaren, erreichbaren, relevanten und zeitgebundenen (SMART) Zielen. Diese Ziele sorgen für Klarheit und Orientierung und helfen den Remote-Mitarbeitern zu verstehen, was von ihnen erwartet wird und wie ihre Arbeit zu den übergeordneten Zielen des Unternehmens beiträgt.

Feedback-Mechanismen sind auch in einer Fernarbeitsumgebung von entscheidender Bedeutung. Regelmäßige Besprechungen, ob wöchentlich oder zweiwöchentlich, bieten Managern und Mitarbeitern die Möglichkeit, Fortschritte zu besprechen, Herausforderungen anzusprechen und Ziele bei Bedarf anzupassen. Diese Sitzungen sollten auf Gegenseitigkeit beruhen und den Mitarbeitern die Möglichkeit geben, ihre Bedenken und ihr Feedback zu ihrer Arbeitsumgebung und ihren Aufgaben zu äußern.

Die Technologie spielt beim Leistungsmanagement für Remote-Teams eine wichtige Rolle. Verschiedene digitale Tools und Software können zur Verfolgung und Bewertung der Leistung eingesetzt werden. Projektmanagement-Tools wie Asana oder Trello können Managern helfen, den Fortschritt bei bestimmten

Aufgaben und Projekten zu überwachen. Zeiterfassungssoftware kann Aufschluss darüber geben, wie die Mitarbeiter ihre Zeit einteilen, wobei gleichzeitig ihre Privatsphäre und Autonomie gewahrt bleiben.

Bei der Leistungsbeurteilung im Rahmen der Fernarbeit sollten auch die Qualität der Arbeit und die Auswirkungen auf die Ziele des Teams und der Organisation berücksichtigt werden, anstatt sich nur auf die Quantität der geleisteten Arbeit oder die Anzahl der geleisteten Stunden zu konzentrieren. Dieser Ansatz trägt den besonderen Aspekten der Fernarbeit Rechnung, z. B. den flexiblen Zeitplänen und der Notwendigkeit von Eigenmotivation und Disziplin.

Ein weiterer wichtiger Aspekt ist die Anerkennung und Belohnung von Leistungen. In einer entfernten Umgebung, in der sich die Mitarbeiter möglicherweise nicht verbunden fühlen, kann die Anerkennung ihrer harten Arbeit und ihrer Beiträge die Moral und Motivation erheblich steigern. Dies kann durch virtuelle Anerkennung, Prämien, Beförderungen oder andere Formen der Belohnung geschehen. Es ist wichtig, Möglichkeiten zur beruflichen Entwicklung und zum Wachstum zu bieten. Remote-Mitarbeiter sollten Zugang zu Schulungsprogrammen, Webinaren und anderen Ressourcen haben, die ihnen helfen, ihre Fähigkeiten und ihre Karriere voranzutreiben.

Leistungsmanagement an einem entfernten Standort erfordert klare Zielvorgaben, regelmäßiges und konstruktives Feedback, den Einsatz von Technologien zur Verfolgung des Fortschritts, die Konzentration auf die Qualität und die Auswirkungen der Arbeit, die Anerkennung von Leistungen und Möglichkeiten zur beruflichen Weiterentwicklung. Durch die Anpassung dieser Praktiken an Remote-Umgebungen können Unternehmen ein effektives Leistungsmanagement sicherstellen, das ihre Mitarbeiter unterstützt und mit ihren Zielen in Einklang steht.

Die Förderung der Work-Life-Balance in Remote-Teams ist von entscheidender Bedeutung, da die Grenzen zwischen Berufs- und Privatleben in einer Heimarbeitsumgebung oft verschwimmen können, was zu Herausforderungen wie Überlastung und Burnout führt. Die Bewältigung dieser Herausforderungen erfordert gezielte Strategien und Praktiken, die den Mitarbeitern helfen, gesunde Grenzen zu ziehen und zu wahren.

Eine große Herausforderung bei der Fernarbeit ist die Tendenz zu längeren Arbeitszeiten, die schnell zu einem Burnout führen können. Die Arbeitgeber können dies in den Griff bekommen, indem sie klare Erwartungen an die Arbeitszeiten stellen und die Freizeit der Mitarbeiter respektieren. Indem sie ihre Mitarbeiter ermutigen, sich an einen regulären Arbeitsplan zu halten, und sie davon abhalten, nach Feierabend zu kommunizieren, wenn es nicht dringend ist, können sie diese Grenzen verstärken.

Wenn Sie Ihre Mitarbeiter ermutigen, einen eigenen Arbeitsbereich zu Hause einzurichten, kann dies ebenfalls zu einer besseren Vereinbarkeit von Beruf und Privatleben beitragen. Ein separater Arbeitsbereich kann eine physische Grenze zwischen Arbeit und Privatleben schaffen und den Mitarbeitern helfen, nach Feierabend vom Arbeitsmodus abzuschalten.

Die Förderung regelmäßiger Pausen während des Tages ist eine weitere wirksame Strategie. Wenn Sie Ihre Mitarbeiter ermutigen, regelmäßig kurze Pausen außerhalb ihres Arbeitsplatzes einzulegen, beugen Sie Ermüdung vor und steigern die Produktivität. Der Arbeitgeber kann diese Kultur fördern, indem er dieses Verhalten selbst vorlebt und sogar virtuelle Kaffeepausen oder kurze Gruppenaktivitäten organisiert. Manager spielen eine entscheidende Rolle bei der Förderung der Work-Life-Balance. Sie sollten darin geschult werden, die Anzeichen von Burnout und Stress bei ihren Teammitgliedern zu erkennen. Regelmäßige Besprechungen können den Mitarbeitern eine Plattform bieten, um alle Herausforderungen zu besprechen, mit denen sie konfrontiert sind, einschließlich Fragen der Work-Life-Balance.

Organisationen können auch Ressourcen und Unterstützung für psychische Gesundheit und Wohlbefinden anbieten. Dazu könnten der Zugang zu Beratungsdiensten, Workshops zur

Stressbewältigung oder Abonnements für Achtsamkeits- und Wellness-Apps gehören. Die Förderung von körperlicher Aktivität und Wellness ist ebenfalls von Vorteil. Arbeitgeber können virtuelle Fitnesskurse, Wellness-Wettbewerbe oder Zuschüsse für die Mitgliedschaft in einem Fitnessstudio anbieten, um einen gesunden Lebensstil zu fördern, der für die Vereinbarkeit von Beruf und Privatleben entscheidend ist. Die Förderung einer Kultur, in der die Vereinbarkeit von Beruf und Privatleben geschätzt wird, ist von entscheidender Bedeutung. Dies kann durch Unternehmensrichtlinien, Beispiele von Führungskräften und regelmäßige Kommunikation geschehen, die das Engagement des Unternehmens für das Wohlbefinden seiner Mitarbeiter hervorhebt.

Die Förderung der Work-Life-Balance in Remote-Teams erfordert die Festlegung klarer Grenzen, die Unterstützung der geistigen und körperlichen Gesundheit und die Förderung einer Kultur, in der die persönliche Zeit und das Wohlbefinden der Mitarbeiter geschätzt und respektiert werden. Durch die Umsetzung dieser Strategien können Unternehmen ihren Remote-Teams helfen, ein gesundes Gleichgewicht zwischen ihrem Berufs- und Privatleben zu wahren.

Der Aufbau und die Aufrechterhaltung einer starken Arbeitskultur in einem Remote-Team ist entscheidend für den Zusammenhalt des Teams, die Zufriedenheit der Mitarbeiter und die allgemeine Produktivität. Das Fehlen einer physischen Büroumgebung an entfernten Standorten stellt eine besondere Herausforderung für die Vermittlung und Aufrechterhaltung von Unternehmenswerten und -kulturen dar. Mit durchdachten Strategien und Praktiken ist es jedoch möglich, eine lebendige und einheitliche Arbeitskultur zu fördern.

Erstens ist eine klare und konsequente Kommunikation der Unternehmenswerte unerlässlich. Dies kann durch regelmäßige virtuelle Meetings, unternehmensweite Newsletter und digitale Plattformen erreicht werden, auf denen die Mission, die Vision und die Werte des Unternehmens an prominenter Stelle dargestellt und diskutiert werden. Die Führungskräfte sollten diese Werte in ihren Interaktionen und Entscheidungsprozessen konsequent verkörpern und verstärken. Die Schaffung von Gelegenheiten zur regelmäßigen Interaktion und zum Zusammenhalt des Teams ist in einem entfernten Umfeld von entscheidender Bedeutung. Virtuelle teambildende Aktivitäten, gesellige Stunden und informelle Treffen können dazu beitragen, die Beziehungen zu stärken und das Zugehörigkeitsgefühl der Teammitglieder zu fördern. Diese Aktivitäten sollten integrativ sein und die unterschiedlichen Zeitzonen, Kulturen und persönlichen Verpflichtungen der Teammitglieder berücksichtigen.

Die Anerkennung und Würdigung von Leistungen spielt eine wichtige Rolle bei der Aufrechterhaltung einer positiven Arbeitskultur. Die Anerkennung von Einzel- und Teamerfolgen, sei es durch virtuelle Anfeuerungen, Belohnungsprogramme oder feierliche Zusammenkünfte, kann die Moral steigern und eine Kultur der Wertschätzung und Anerkennung stärken. Die Förderung einer offenen und transparenten Kommunikation ist eine weitere bewährte Praxis. Die Schaffung von Kanälen, über die Mitarbeiter Ideen austauschen, Feedback geben und Bedenken äußern können, ohne Vergeltungsmaßnahmen befürchten zu müssen, trägt zum Aufbau von Vertrauen und einem Gemeinschaftsgefühl bei. Regelmäßige Umfragen, offene Foren und Vorschlagskästen können zu diesem Zweck wirksame Instrumente sein.

Schulungs- und Entwicklungsmöglichkeiten sind ebenfalls ein wesentlicher Bestandteil einer starken Arbeitskultur. Der Zugang zu Online-Lernressourcen, virtuellen Workshops und Webinaren kann den Mitarbeitern helfen, im Unternehmen zu wachsen und sich weiterzuentwickeln, und so eine Kultur des kontinuierlichen Lernens und der Entwicklung fördern.

Ebenso wichtig ist es, ein Gefühl der Inklusion und Vielfalt zu fördern. Dazu gehört, dass sich alle Teammitglieder, unabhängig von ihrem Standort, wertgeschätzt und einbezogen fühlen. Zu den inklusiven Praktiken gehören beispielsweise eine vielfältige Einstellungspolitik, das Feiern verschiedener kultureller Ereignisse und die Gewährleistung, dass alle Stimmen in

Besprechungen und Entscheidungsprozessen gehört werden. Die Führungskraft spielt eine entscheidende Rolle bei der Gestaltung der Arbeitskultur in einem Remote-Team. Führungskräfte, die ansprechbar und einfühlsam sind und auf die Bedürfnisse ihres Teams eingehen, sind ein positives Beispiel und schaffen ein Umfeld, in dem sich die Mitarbeiter unterstützt und geschätzt fühlen.

Der Aufbau und die Aufrechterhaltung einer starken Arbeitskultur in einem Remote-Team erfordert eine klare Kommunikation der Unternehmenswerte, eine regelmäßige Interaktion und Teambindung, die Anerkennung von Leistungen, eine offene Kommunikation, Möglichkeiten für Wachstum und Entwicklung, Inklusivität und eine starke Führung. Wenn Unternehmen diese Praktiken anwenden, können sie eine kohärente und lebendige Kultur der Telearbeit fördern, die mit ihren Grundwerten und Zielen übereinstimmt. Da die Verwaltung von Remote-Teams in der modernen Arbeitswelt immer mehr an Bedeutung gewinnt, ist es für Unternehmen von entscheidender Bedeutung, zukünftige Trends und Herausforderungen zu antizipieren und sich darauf vorzubereiten. Die Landschaft der Telearbeit entwickelt sich ständig weiter, beeinflusst von technologischen Fortschritten, sich ändernden Erwartungen der Mitarbeiter und breiteren sozioökonomischen Faktoren. Führungskräfte in diesem Umfeld müssen sich Flexibilität und kontinuierliches Lernen angewöhnen, um diese Veränderungen effektiv zu bewältigen.

Einer der wichtigsten Zukunftstrends im Management von Remote-Teams ist der wachsende Bedarf an digitalen Kompetenzen. Mit dem Aufkommen neuer Tools und Technologien müssen Führungskräfte und ihre Teams in der Lage sein, diese für eine effiziente Zusammenarbeit und Produktivität zu nutzen. Dazu gehört auch, dass sie sich über die neuesten Kommunikations- und Projektmanagement-Tools, Cybersicherheitspraktiken und neue Technologien wie KI und maschinelles Lernen, die sich auf die Arbeitsprozesse auswirken könnten, auf dem Laufenden halten.

Eine weitere Herausforderung ist die Verwaltung einer vielfältigen und weltweit verstreuten Belegschaft. Da die Fernarbeit geografische Barrieren aufbricht, werden die Teams kulturell immer vielfältiger. Führungskräfte müssen in der Lage sein, mit den Nuancen der interkulturellen Kommunikation und der integrativen Führung umzugehen und sicherzustellen, dass sich alle Teammitglieder unabhängig von ihrem Hintergrund geschätzt und verstanden fühlen.

Die psychische Gesundheit und das Wohlbefinden von Remote-Mitarbeitern werden auch in Zukunft eine wichtige Rolle spielen. Das künftige Management von Remote-Teams wird Herausforderungen wie Isolation, Burnout und Work-Life-Balance auf zunehmend innovative Weise angehen müssen. Dies könnte die Einführung ganzheitlicher Wellness-Programme, flexibler Arbeitsrichtlinien und regelmäßiger, auf das Wohlbefinden ausgerichteter Kontrollbesuche beinhalten.

Ein weiterer Schwerpunkt ist die Anpassung an sich ändernde Erwartungen und Arbeitsweisen der Mitarbeiter. Die Arbeitskräfte der Zukunft werden möglicherweise mehr Flexibilität, Autonomie und Möglichkeiten zur persönlichen und beruflichen Weiterentwicklung fordern. Führungskräfte müssen darauf vorbereitet sein, abwechslungsreiche und dynamische Arbeitsregelungen anzubieten und eine Kultur des Vertrauens und der Verantwortlichkeit zu fördern. Die Bedeutung von Flexibilität und kontinuierlichem Lernen in der Führung kann nicht hoch genug eingeschätzt werden. Künftige Remote-Arbeitsumgebungen erfordern von den Führungskräften Anpassungsfähigkeit, Offenheit für Feedback und die Bereitschaft, Strategien und Ansätze bei Bedarf zu überarbeiten. Dazu gehört, dass sie offen für neue Ideen sind, bereit sind, mit verschiedenen Führungsstilen zu experimentieren, und sich ständig um die Erweiterung ihrer Fähigkeiten und Kenntnisse bemühen.

Zur Vorbereitung auf künftige Herausforderungen bei der Verwaltung von Remote-Teams gehört es, mit technologischen Trends Schritt zu halten, die kulturelle Vielfalt zu berücksichtigen, das Wohlbefinden der Mitarbeiter in den Vordergrund zu stellen, sich an veränderte Arbeitsweisen anzupassen und eine Kultur der Flexibilität und des kontinuierlichen Lernens zu fördern. Indem sie diese Trends und Herausforderungen antizipieren, können Führungskräfte sicherstellen, dass ihre Remote-Teams produktiv und engagiert bleiben und gut auf die Zukunft der Arbeit vorbereitet sind.

Ein effektives Management von Remote-Teams hängt von einer klaren und konsistenten Kommunikation ab. Die Führungskräfte müssen sicherstellen, dass die Ziele, Erwartungen und Fortschritte des Teams transparent vermittelt werden, um ein Gefühl der Klarheit und Orientierung zu schaffen. Regelmäßige Besprechungen und eine offene Kommunikation sind entscheidend, um die Abstimmung im Team aufrechtzuerhalten und etwaige Probleme umgehend zu beheben.

Die Bedeutung des Aufbaus und der Aufrechterhaltung einer starken Teamkultur, selbst in einem entfernten Umfeld, kann nicht unterschätzt werden. Dazu gehört nicht nur die Integration von Unternehmenswerten in die täglichen Interaktionen, sondern auch die Schaffung von Gelegenheiten zum Zusammenhalt des Teams und zur Anerkennung von Leistungen. Das Feiern von Erfolgen, die Anerkennung individueller Beiträge und die Schaffung von Gelegenheiten für informelle Interaktionen tragen dazu bei, ein kohäsives und motiviertes Team zu schaffen.

Eine weitere wichtige Erkenntnis ist die Anpassung der Leistungsmanagementprozesse an entfernte Standorte. Das Setzen klarer Ziele, der Einsatz von Technologien zur Leistungsverfolgung und regelmäßiges Feedback sind wesentliche Praktiken. Die Betonung der Ergebnisse statt der geleisteten Arbeitsstunden und die Konzentration auf die Qualität der Arbeit stehen im Einklang mit der Natur der Fernarbeit.

Die Förderung des Gleichgewichts zwischen Arbeit und Privatleben ist an entfernten Standorten von entscheidender Bedeutung. Die Ermutigung der Mitarbeiter, eine klare Unterscheidung zwischen Arbeit und Freizeit zu treffen, regelmäßige Pausen einzulegen und die Zeit der Mitarbeiter außerhalb der Arbeitszeiten zu respektieren, sind Praktiken, die dazu beitragen, Burnout zu verhindern und das Wohlbefinden der Mitarbeiter zu erhalten.

Die Rolle der IT-Unterstützung und der richtigen technologischen Hilfsmittel ist für das Management von Remote-Teams von zentraler Bedeutung. Die Sicherstellung, dass die Teammitglieder über die notwendigen Ressourcen, Schulungen und Unterstützung verfügen, um die Technologie effektiv nutzen zu können, ist von grundlegender Bedeutung für eine produktive Remote-Arbeitsumgebung. Die Führung von Remote-Teams erfordert eine Mischung aus Flexibilität, Einfühlungsvermögen und kontinuierlichem Lernen. Anpassungsfähigkeit an sich ändernde Umstände, Verständnis für die besonderen Herausforderungen, mit denen Remote-Mitarbeiter konfrontiert sind, und die ständige Aktualisierung von Fähigkeiten und Wissen sind der Schlüssel zu einem effektiven Remote-Team-Management.

Beim Übergang zum nächsten Kapitel werden wir uns mit realen Fallstudien zu hybriden Arbeitsplätzen beschäftigen. Diese Fallstudien bieten praktische Einblicke in die Art und Weise, wie verschiedene Organisationen die Herausforderungen erfolgreich gemeistert und die Chancen genutzt haben, die sich durch hybride Arbeitsmodelle ergeben. Wir werden verschiedene Szenarien untersuchen und von den Erfahrungen und Strategien dieser Organisationen lernen, um ein besseres Verständnis für die praktische Anwendung der diskutierten Konzepte zur Verwaltung von Remote-Teams zu erlangen.

Kapitel 8: Fallstudien zu hybriden Arbeitsplätzen

Der Zweck der Untersuchung von Fallstudien ist vielfältig. Erstens bieten sie greifbare Beispiele dafür, wie Unternehmen aus verschiedenen Branchen den Übergang zu hybrider Arbeit bewältigt haben. Dazu gehören die Herausforderungen, mit denen sie konfrontiert waren, die Lösungen, die sie umgesetzt haben, und die Ergebnisse dieser Veränderungen. Diese Beispiele aus der Praxis dienen als reichhaltige Lernquelle und bieten praktische Erkenntnisse, die auf andere Organisationen, die hybride Arbeitsmodelle in Erwägung ziehen oder derzeit verwalten, übertragen werden können.

Jede Fallstudie hebt die verschiedenen Anwendungen von hybriden Arbeitsmodellen hervor und zeigt, wie unterschiedliche Organisationen diese Modelle auf ihre spezifischen Bedürfnisse, ihre Kultur und ihre betrieblichen Anforderungen zugeschnitten haben. Diese Vielfalt veranschaulicht die Flexibilität von hybriden Arbeitsmodellen und ihre Anwendbarkeit in verschiedenen Branchen und Unternehmensgrößen. Darüber hinaus liefern diese Fallstudien wertvolle Erkenntnisse über Strategien für eine effektive Kommunikation, die Aufrechterhaltung der Unternehmenskultur, die Sicherstellung der Produktivität und das Management des Wohlbefindens der Mitarbeiter in einem hybriden Umfeld. Sie bieten einen Einblick in die innovativen Praktiken und Instrumente, die Unternehmen zur Bewältigung der mit hybrider Arbeit verbundenen Herausforderungen eingesetzt haben.

Mit diesen Fallstudien wollen wir ein umfassendes Verständnis der vielfältigen und dynamischen Natur von hybriden Arbeitsplätzen vermitteln. Die aus diesen Beispielen gewonnenen Erkenntnisse werden nicht nur die potenziellen Vorteile und Herausforderungen hybrider Arbeitsmodelle aufzeigen, sondern auch die Bedeutung von Anpassungsfähigkeit, strategischer Planung und laufender Evaluierung für ihre erfolgreiche Umsetzung verdeutlichen.

Im weiteren Verlauf des Kapitels dienen diese Fallstudien als Leitfaden und Inspiration und bieten eine praktische Perspektive auf die Realitäten hybrider Arbeitsumgebungen und darauf, wie diese effektiv verwaltet und für den Erfolg optimiert werden können.

Die erfolgreiche Umsetzung von hybriden Arbeitsmodellen in verschiedenen Sektoren zeigt die Anpassungsfähigkeit und Innovationskraft von Organisationen als Reaktion auf die sich verändernde Arbeitsdynamik. Im Folgenden stellen wir eine Reihe von Unternehmen aus verschiedenen Sektoren vor, darunter aus den Bereichen Technologie, Finanzen, Gesundheit und Bildung, und beschreiben ihren Weg zur Einführung hybrider Modelle - die anfänglichen Herausforderungen, die Strategien und die Ergebnisse, die sie erzielt haben.

Ein bekanntes Softwareunternehmen im Technologiesektor stand vor der Herausforderung, seine Belegschaft auf ein hybrides Modell umzustellen und gleichzeitig seine kollaborative und innovative Kultur zu erhalten. Die anfängliche Herausforderung bestand darin, sicherzustellen, dass alle Mitarbeiter Zugang zu den notwendigen Technologien und Tools für eine effektive Fernarbeit hatten. Die Strategie umfasste Investitionen in Cloud-basierte Tools für die Zusammenarbeit und Schulungen, um die Mitarbeiter mit den besten Praktiken für die Fernarbeit vertraut zu machen. Das Ergebnis war eine erfolgreiche Umstellung, bei der die Mitarbeiter über eine höhere Arbeitszufriedenheit und Produktivität berichteten und das Unternehmen sein Innovationstempo beibehielt.

Ein globales Finanzinstitut musste die Komplexität der Handhabung sensibler Daten und Kundeninteraktionen in einer hybriden Umgebung bewältigen. Die erste Herausforderung bestand darin, die Datensicherheit und die Einhaltung von Vorschriften zu gewährleisten. Das Unternehmen führte robuste

Cybersicherheitsmaßnahmen ein, darunter sichere VPNs und Multi-Faktor-Authentifizierung, und legte klare Richtlinien für den Umgang mit sensiblen Daten in Remote-Umgebungen fest. Das Ergebnis war ein nahtloser Übergang zum hybriden Arbeiten, ohne dass die Datensicherheit beeinträchtigt und die Flexibilität der Mitarbeiter erhöht wurde.

Im Gesundheitswesen hat ein Krankenhausnetz ein Hybridmodell für seine Verwaltungs- und Supportmitarbeiter eingeführt und gleichzeitig eine ununterbrochene Patientenversorgung sichergestellt. Die Herausforderung bestand darin, eine effektive Kommunikation zwischen den Mitarbeitern vor Ort und denen an anderen Standorten aufrechtzuerhalten und die Kontinuität der Verwaltungsfunktionen zu gewährleisten. Es wurden eine einheitliche Kommunikationsplattform und regelmäßige virtuelle Meetings eingeführt, um die Abstimmung zu gewährleisten. Das Ergebnis war ein erfolgreiches Hybridmodell, das die Gemeinkosten senkte und den Verwaltungsmitarbeitern eine größere Arbeitsflexibilität ermöglichte, ohne die Patientenversorgung zu beeinträchtigen.

Eine Bildungseinrichtung, die sich plötzlich mit der Notwendigkeit konfrontiert sah, auf Fernunterricht umzustellen, wählte ein Hybridmodell für Lehrkräfte und Verwaltungspersonal. Die anfängliche Herausforderung bestand in der mangelnden Erfahrung mit Fernlehrmitteln und -methoden. Die Einrichtung bot den Lehrkräften umfassende Schulungen zu Online-Lehrplattformen und digitaler Pädagogik an. Die Umstellung führte zu einer erfolgreichen hybriden Lernumgebung, in der die Lehrkräfte sowohl mit Präsenz- als auch mit Online-Lehrmethoden vertraut sind.

Diese unterschiedlichen Branchenvertretungen zeigen, dass die Herausforderungen bei der Umsetzung hybrider Modelle zwar von Branche zu Branche variieren, der Schlüssel zum Erfolg jedoch oft in der strategischen Planung, der Investition in die richtige Technologie und der Gewährleistung von Mitarbeiterschulung und Wohlbefinden liegt. Diese Fallstudien zeigen, dass hybride Arbeitsmodelle das Potenzial haben,

Flexibilität, Produktivität und Mitarbeiterzufriedenheit in verschiedenen Arbeitsumgebungen zu verbessern. Bei hybriden Arbeitsformen sind Innovation und Kreativität die wichtigsten Triebfedern, die es Unternehmen ermöglichen, ihre Arbeitsmodelle auf spezifische Bedürfnisse und Herausforderungen zuzuschneiden. Durch die Untersuchung von Fallstudien, die einzigartige Ansätze für hybride Arbeitsformen aufzeigen, können wir Erkenntnisse darüber gewinnen, wie sich verschiedene Organisationen kreativ an dieses neue Arbeitsparadigma angepasst haben.

Ein bemerkenswertes Beispiel ist ein Technologie-Startup, das seinen Arbeitsbereich neu definierte, indem es sein Büro in ein Zentrum der Zusammenarbeit umwandelte. Anstatt die regelmäßige Anwesenheit im Büro vorzuschreiben, ermutigte das Unternehmen seine Mitarbeiter, den Büroraum in erster Linie für Teambesprechungen, Brainstorming-Sitzungen und gemeinsame Projekte zu nutzen, während Routineaufgaben aus der Ferne erledigt wurden. Dieser Ansatz führte zu einer deutlichen Steigerung der kreativen Zusammenarbeit und des Zusammenhalts im Team, ohne die individuelle Flexibilität zu beeinträchtigen.

Ein weiterer innovativer Ansatz wurde von einer Marketingagentur verfolgt, die ein "ergebnisorientiertes Arbeitsumfeld" (ROWE) einführte. In diesem Modell konnten die Mitarbeiter ihren Arbeitsort und ihre Arbeitszeiten völlig selbst bestimmen, solange sie die vorgegebenen Leistungskennzahlen und Projektfristen einhielten. Diese Fokussierung auf Ergebnisse und nicht auf Arbeitsstunden führte zu einer höheren Produktivität und Mitarbeiterzufriedenheit, da die Teammitglieder so arbeiten konnten, wie es ihrem persönlichen Produktivitätsrhythmus am besten entsprach.

Ein multinationales Unternehmen führte ein hybrides Rotationssystem ein, bei dem verschiedene Abteilungen an bestimmten Wochentagen vor Ort arbeiteten. Mit diesem System sollte sichergestellt werden, dass die Mitarbeiter von der persönlichen Interaktion und Zusammenarbeit profitieren und gleichzeitig die Flexibilität der Telearbeit nutzen können. Darüber hinaus investierte das Unternehmen in hochmoderne Videokonferenzeinrichtungen, um eine nahtlose Kommunikation zwischen den Mitarbeitern vor Ort und denen an anderen Standorten zu gewährleisten.

Im Bildungsbereich leistete eine Universität Pionierarbeit mit einem hybriden Lehrmodell, das Präsenz- und Online-Lernen kombiniert. Die Vorlesungen wurden live gehalten, während die Studierenden virtuell teilnahmen, und zusätzliche Materialien wurden über eine Online-Plattform bereitgestellt. Dieses Modell ging nicht nur auf die unterschiedlichen Bedürfnisse der Studierenden ein, sondern bereitete sie auch auf eine Zukunft vor, in der digitale Zusammenarbeit alltäglich ist.

Diese Beispiele zeigen, wie verschiedene Organisationen ihre hybriden Arbeitsmodelle auf ihre individuellen Bedürfnisse und Ziele zugeschnitten haben. Im Mittelpunkt dieser innovativen Ansätze stehen kreative Lösungen für allgemeine Herausforderungen der Hybridarbeit, wie die Aufrechterhaltung des Teamzusammenhalts, die Gewährleistung der Produktivität und die Förderung einer Kultur der Zusammenarbeit. Diese Fallstudien dienen als Inspiration für andere Unternehmen, die sich in der Landschaft der Hybridarbeit bewegen, und zeigen, dass sich die Herausforderungen der Hybridarbeit mit ein wenig Kreativität und strategischer Planung in Chancen für Wachstum und Innovation verwandeln lassen.

Der Übergang zu hybriden Arbeitsmodellen ist oft mit einer Reihe gemeinsamer Hürden verbunden, die Unternehmen überwinden müssen. Die Identifizierung dieser Herausforderungen und die Erörterung der Strategien und Lösungen, die zu ihrer Überwindung eingesetzt werden, bieten wertvolle Einblicke für jede Organisation, die sich auf diese Reise begibt. Eine häufige Herausforderung ist der Widerstand gegen Veränderungen, sowohl von Seiten der Geschäftsführung als auch der Mitarbeiter. In vielen Unternehmen haben sich Kulturen und Praktiken etabliert, die auf die Arbeit im Büro ausgerichtet sind, und die Umstellung auf ein hybrides Modell kann auf Skepsis stoßen. Um dies zu überwinden, setzen erfolgreiche Unternehmen oft transparente Kommunikationsstrategien ein, um die Vorteile der Hybridarbeit zu erläutern und Bedenken auszuräumen. Außerdem binden sie die Mitarbeiter in den Planungsprozess ein, um die Umstellung zu einem gemeinsamen Unterfangen zu machen.

Eine weitere Hürde ist die Gewährleistung einer effektiven Kommunikation und Zusammenarbeit zwischen den Teammitgliedern, die sowohl aus der Ferne als auch vor Ort arbeiten. Der Mangel an persönlicher Interaktion kann zu Missverständnissen oder dem Gefühl der Isolation führen. Um dem entgegenzuwirken, investieren viele Unternehmen in moderne Kommunikationstechnologien wie Videokonferenz-Tools und Softwareplattformen für die Zusammenarbeit. Außerdem führen sie regelmäßige Besprechungen und virtuelle Meetings durch, um den Zusammenhalt im Team aufrechtzuerhalten und sicherzustellen, dass alle auf dem Laufenden bleiben.

Eine weitere Herausforderung ist die Gewährleistung von Produktivität und Verantwortlichkeit in einer entfernten Umgebung. Ohne den physischen Überblick, den man in traditionellen Büroumgebungen hat, kann es für Manager schwierig sein, die Leistung der Mitarbeiter effektiv zu überwachen und zu bewerten. Unternehmen haben dieses Problem in den Griff bekommen, indem sie klare Ziele und Erwartungen festgelegt, Projektmanagement-Tools zur Verfolgung des Fortschritts eingesetzt und sich auf den Output statt auf die Arbeitsstunden konzentriert haben. Die Aufrechterhaltung der Unternehmenskultur und des Engagements der Mitarbeiter in einem hybriden Umfeld kann ebenfalls eine Herausforderung darstellen. Unternehmen haben Erfolg damit, virtuelle Räume für soziale Interaktion zu schaffen, Erfolge zu feiern und sicherzustellen, dass sich die Mitarbeiter im Außendienst genauso als Teil des Teams fühlen wie die Mitarbeiter im Büro.

Die Bewältigung der technischen Aspekte eines Hybridmodells ist eine weitere häufige Herausforderung. Dazu gehört die Ausstattung der Mitarbeiter mit der notwendigen Hard- und

Software, um effizient von zu Hause aus arbeiten zu können, und die Gewährleistung robuster Cybersicherheitsmaßnahmen. Auch die Bereitstellung von technischem Support und Schulungen für Fernarbeitstools ist entscheidend. Unternehmen stehen oft vor logistischen Herausforderungen, wenn es darum geht, die physischen Büroräume so zu konfigurieren, dass sie für ein hybrides Modell geeignet sind. Dies kann eine Neugestaltung der Büroräume beinhalten, um die Zusammenarbeit zu unterstützen, wenn die Mitarbeiter vor Ort sind, und um sicherzustellen, dass Gesundheits- und Sicherheitsmaßnahmen vorhanden sind.

Die Bewältigung der anfänglichen Herausforderungen bei der Umstellung auf hybride Arbeitsmodelle erfordert eine Kombination aus strategischer Planung, Investitionen in Technologie, Förderung einer offenen Kommunikation und Anpassung der Management- und Kulturpraktiken. Durch die Anwendung dieser Strategien können Unternehmen die ersten Hürden bei der Einführung eines hybriden Arbeitsmodells effektiv meistern.

Die langfristige Nachhaltigkeit hybrider Arbeitsmodelle hängt von der Fähigkeit der Unternehmen ab, diese Modelle als Reaktion auf veränderte Umstände, technologische Fortschritte und das Feedback der Mitarbeiter kontinuierlich anzupassen und weiterzuentwickeln. Dieser adaptive Ansatz stellt sicher, dass das hybride Modell im Laufe der Zeit effektiv, relevant und vorteilhaft bleibt.

Viele Organisationen haben erkannt, dass der anfängliche Übergang zu einem Hybridmodell nur der Anfang ist. Für eine langfristige Nachhaltigkeit müssen sie ihren Ansatz kontinuierlich bewerten und verfeinern. Dazu gehören regelmäßige Feedbackschleifen mit den Mitarbeitern, um ihre Erfahrungen, Herausforderungen und Bedürfnisse in der hybriden Struktur zu verstehen. Umfragen, Fokusgruppen und offene Foren können dabei helfen, dieses Feedback zu sammeln, das dann in Anpassungen und Verbesserungen des Modells einfließen kann.

Die Anpassung an sich ändernde Umstände ist ein weiterer wichtiger Aspekt, um die Nachhaltigkeit von Hybridmodellen zu gewährleisten. Dies könnte bedeuten, dass das Gleichgewicht zwischen Fern- und Innendienst als Reaktion auf externe Faktoren wie Richtlinien des öffentlichen Gesundheitswesens oder interne Faktoren wie Projektanforderungen oder Teamdynamik verändert wird. Organisationen, die flexibel bleiben und auf diese sich ändernden Anforderungen reagieren, sind besser in der Lage, ihre Hybridmodelle effektiv aufrechtzuerhalten.

Auch der technologische Fortschritt spielt eine wichtige Rolle für die langfristige Nachhaltigkeit der Hybridarbeit. Wenn neue Tools und Plattformen auftauchen, müssen Unternehmen mit diesen Entwicklungen Schritt halten und sie in ihre Infrastruktur für hybrides Arbeiten integrieren. So wird sichergestellt, dass die Mitarbeiter Zugang zu den besten Tools für Kommunikation, Zusammenarbeit und Produktivität haben.

Ein weiterer wichtiger Aspekt ist die laufende Schulung und Unterstützung der Mitarbeiter. In dem Maße, wie sich hybride Arbeitsmodelle weiterentwickeln, ändern sich auch die Fähigkeiten und Kompetenzen, die für eine effektive Arbeit in diesen Modellen erforderlich sind. Regelmäßige Schulungen zu neuen Technologien, bewährten Kommunikationsverfahren und Zeitmanagement können den Mitarbeitern helfen, sich an die sich wandelnden Anforderungen der Hybridarbeit anzupassen. Viele Unternehmen stellen fest, dass die Aufrechterhaltung eines hybriden Modells einen Kulturwandel erfordert, der Flexibilität, Autonomie und Vertrauen fördert. Die Pflege einer Kultur, die diese Werte unterstützt, kann dazu beitragen, dass sich die Mitarbeiter langfristig in dem hybriden Modell unterstützt und engagiert fühlen. Der physische Arbeitsbereich selbst muss sich möglicherweise weiterentwickeln. Unternehmen überdenken ihre Bürogestaltung, um sie den Bedürfnissen einer hybriden Belegschaft anzupassen, z. B. indem sie mehr Räume für die Zusammenarbeit schaffen und sicherstellen, dass die Einrichtungen vor Ort eine produktive Arbeitsumgebung unterstützen.

Die langfristige Nachhaltigkeit hybrider Modelle hängt von der Fähigkeit einer Organisation ab, sich kontinuierlich weiterzuentwickeln und anzupassen. Dazu gehört es, regelmäßig das Feedback der Mitarbeiter einzuholen und darauf zu reagieren, flexibel auf sich ändernde Bedürfnisse zu reagieren, technologische Fortschritte zu nutzen, kontinuierliche Schulungen und Unterstützung anzubieten, eine unterstützende Kultur zu fördern und den physischen Arbeitsbereich nach Bedarf anzupassen. Wenn Unternehmen diese Praktiken anwenden, können sie sicherstellen, dass ihre hybriden Arbeitsmodelle langfristig effektiv und vorteilhaft bleiben.

Die in diesem Kapitel vorgestellten Fallstudien bieten eine Fülle von Erkenntnissen und Lehren für die Umsetzung und das Management von hybriden Arbeitsmodellen. Ausgehend von diesen Beispielen aus der Praxis können wir eine Reihe von Best Practices und Empfehlungen zusammenfassen, die für die erfolgreiche Einführung hybrider Arbeitsplatzmodelle entscheidend sind.

1. Flexibilität und Anpassungsfähigkeit: Ein immer wiederkehrendes Thema in den Fallstudien ist die Bedeutung von Flexibilität sowohl in der Politik als auch in der Praxis. Erfolgreiche Hybridmodelle sind diejenigen, die sich an veränderte Umstände und individuelle Bedürfnisse der Mitarbeiter anpassen können. Dazu gehört die Möglichkeit, die Arbeitszeiten und -orte zu variieren und die Strategien je nach Bedarf anzupassen.

2. Effektive Kommunikation: Eine klare, konsistente und offene Kommunikation ist in hybriden Arbeitsumgebungen unerlässlich. Regelmäßige Besprechungen, All-Hands-Meetings und transparente Kommunikationskanäle tragen dazu bei, dass die Teammitglieder vor Ort und an entfernten Standorten auf dem gleichen Stand sind und informiert werden.

3. Investitionen in Technologie: Die richtige technologische Infrastruktur ist von grundlegender Bedeutung für den Erfolg

von Hybridmodellen. Dazu gehört nicht nur die Bereitstellung der notwendigen Werkzeuge für die Fernarbeit, sondern auch die Gewährleistung, dass diese Werkzeuge zuverlässig, sicher und einfach zu bedienen sind.

4. Mitarbeiterengagement und Eingliederung: Die aktive Förderung des Teamzusammenhalts und des Zugehörigkeitsgefühls ist von entscheidender Bedeutung, vor allem für Mitarbeiter, die an einem anderen Ort tätig sind und sich möglicherweise nicht zugehörig fühlen. Virtuelle Teambuilding-Aktivitäten, informelle Zusammenkünfte und integrative Praktiken tragen zur Förderung einer starken Teamkultur bei.

5. Schulung und Unterstützung: Die Schulung der Mitarbeiter in Bezug auf Fernarbeitstools und bewährte Verfahren ist von entscheidender Bedeutung. Darüber hinaus ist es für das Wohlbefinden und die Produktivität des Teams von entscheidender Bedeutung, kontinuierliche Unterstützung zu bieten, insbesondere in Bezug auf IT- und psychologische Ressourcen.

6. Fokus auf Output, nicht auf Arbeitsstunden: Die Verlagerung des Schwerpunkts von den geleisteten Arbeitsstunden auf die Qualität und die Wirkung der Arbeit fördert die Produktivität und die Arbeitszufriedenheit. Dieser Ansatz respektiert die Autonomie der Mitarbeiter und steht im Einklang mit dem flexiblen Charakter der Hybridarbeit.

7. Regelmäßiges Feedback und Iteration: Kontinuierliche Rückmeldungen der Mitarbeiter sind von unschätzbarem Wert für die Verfeinerung hybrider Arbeitsmodelle. Regelmäßige Umfragen, Feedback-Sitzungen und die Bereitschaft, Maßnahmen auf der Grundlage dieses Feedbacks zu überarbeiten, sind der Schlüssel zur Entwicklung und Aufrechterhaltung effektiver Hybridmodelle.

8. Schulung von Führungskräften und Management: Es ist von entscheidender Bedeutung, dass Führungskräfte und Manager

mit den Fähigkeiten ausgestattet werden, Remote-Teams effektiv zu führen. Dazu gehören Schulungen zu den Themen Führung von Remote-Teams, Empathie und digitale Kommunikation.

9. Aufrechterhaltung von Sicherheit und Compliance: Die Gewährleistung der Datensicherheit und der Einhaltung von Vorschriften, insbesondere in einer verteilten Arbeitsumgebung, ist eine Priorität. Regelmäßige Überprüfungen von Sicherheitsprotokollen und Compliance-Schulungen für Mitarbeiter sind notwendige Maßnahmen.

10. Work-Life-Balance: Die Förderung einer gesunden Work-Life-Balance ist wichtig, um Burnout zu verhindern. Dazu gehört es, Grenzen zu respektieren, regelmäßige Pausen zu fördern und auf die persönliche Zeit der Mitarbeiter Rücksicht zu nehmen.

Die Erkenntnisse und bewährten Verfahren aus den Fallstudien bieten einen Fahrplan für Unternehmen, die hybride Arbeitsmodelle einführen oder verbessern wollen. Der Schlüssel zum Erfolg liegt in der Anpassungsfähigkeit, der Mitarbeiterorientierung und der technologischen Ausstattung, gepaart mit einer starken Führung und einem Fokus auf Kommunikation und Kultur.

Der Übergang zu hybriden Arbeitsmodellen hat tiefgreifende Auswirkungen auf die Unternehmenskultur und das Wohlbefinden der Mitarbeiter. Da diese Modelle Remote- und Büroarbeit miteinander verbinden, verändern sie die Dynamik der Interaktion, der Zusammenarbeit und der Bindung der Mitarbeiter an das Unternehmen grundlegend. Ein Verständnis dieser Auswirkungen und der Art und Weise, wie Unternehmen damit umgegangen sind, bietet wertvolle Einblicke in das Potenzial hybrider Modelle zur Förderung eines positiven Arbeitsumfelds.

Eine wichtige Auswirkung hybrider Modelle ist ihr Einfluss auf die Unternehmenskultur. Die Kultur an einem Arbeitsplatz wird traditionell durch gemeinsame Erfahrungen und Interaktionen innerhalb eines physischen Büroraums aufgebaut. In einem hybriden Umfeld erfordert die Aufrechterhaltung dieses Gemeinschaftsgefühls und der gemeinsamen Zielsetzung bewusste Anstrengungen. Unternehmen, die diesen Wandel erfolgreich vollzogen haben, setzen häufig auf regelmäßige virtuelle Teambuilding-Aktivitäten, eine konsistente und transparente Kommunikation der Führungskräfte und digitale Plattformen, die informelle Interaktionen zwischen den Mitarbeitern erleichtern. Diese Bemühungen tragen dazu bei, das Gefühl des Zusammenhalts und der Zugehörigkeit aufrechtzuerhalten, selbst wenn der persönliche Austausch begrenzt ist.

Ein weiterer wichtiger Aspekt ist die Anpassung der Unternehmenskultur an das Hybridmodell. Dazu gehört oft die Betonung von Werten wie Flexibilität, Autonomie, Vertrauen und ergebnisorientierte Leistung. Durch die Förderung einer Kultur, die mit diesen Werten übereinstimmt, können Unternehmen sicherstellen, dass ihre Kultur das Hybridmodell unterstützt und nicht im Widerspruch dazu steht. Die Förderung von Flexibilität und Autonomie kann beispielsweise dazu beitragen, dass sich die Mitarbeiter in der Lage fühlen, ihre Arbeit und ihre persönlichen Aufgaben selbst zu bewältigen, was zu einer höheren Arbeitszufriedenheit und Produktivität führt.

Das Wohlbefinden der Mitarbeiter in Hybridmodellen ist ein weiterer wichtiger Aspekt. Die Flexibilität hybrider Arbeitsformen kann erheblich zu einer besseren Work-Life-Balance beitragen, Stress reduzieren und das allgemeine Wohlbefinden verbessern. Das Risiko der Isolation und des Burnouts, insbesondere für diejenigen, die überwiegend aus der Ferne arbeiten, erfordert jedoch ein sorgfältiges Management. Unternehmen haben sich dieses Problems angenommen, indem sie Ressourcen für die psychische Gesundheit zur Verfügung stellen, z. B. Zugang zu Beratungsdiensten, Wellness-Programmen und regelmäßigen Gesprächen über das Wohlbefinden.

Wirksame Kommunikation und Unterstützung durch Manager und Teamleiter spielen eine entscheidende Rolle für das Wohlbefinden der Mitarbeiter. Für das mentale und emotionale Wohlbefinden der Mitarbeiter ist es entscheidend, dass sie sich genauso gesehen, gehört und wertgeschätzt fühlen wie ihre Kollegen im Büro. Die Auswirkungen hybrider Modelle auf die Unternehmenskultur und das Wohlbefinden der Mitarbeiter sind vielschichtig. Die Aufrechterhaltung oder Neugestaltung der Kultur in einem hybriden Umfeld beinhaltet die Förderung von Werten, die flexibles Arbeiten unterstützen, die Nutzung von Technologie zur Aufrechterhaltung des Teamzusammenhalts und die Priorisierung des Wohlbefindens der Mitarbeiter. Wenn Unternehmen diese Aspekte bedacht angehen, können sie ein hybrides Arbeitsumfeld schaffen, das ihre Kultur und das allgemeine Wohlbefinden ihrer Mitarbeiter nicht nur bewahrt, sondern potenziell verbessert.

Für Unternehmen, die sich in der sich wandelnden Landschaft der hybriden Arbeitsformen zurechtfinden müssen, ist die Vorbereitung auf künftige Veränderungen und potenzielle Herausforderungen von entscheidender Bedeutung. Die Fallstudien zeigen, dass diejenigen Unternehmen erfolgreich sind, die sich Innovation und Anpassungsfähigkeit auf die Fahnen geschrieben haben und ihre hybriden Arbeitsmodelle als Reaktion auf neue Entwicklungen und Erkenntnisse kontinuierlich verbessern.

Ein wichtiger Schwerpunkt ist die Antizipation des technologischen Fortschritts. Wenn neue Tools und Plattformen auftauchen, müssen die Unternehmen bereit sein, sie in ihre bestehende Infrastruktur zu integrieren, um die Zusammenarbeit und Produktivität zu verbessern. Dazu ist es erforderlich, mit den technischen Trends Schritt zu halten und offen für Experimente mit neuen Lösungen zu sein, die die hybride Arbeitserfahrung verbessern könnten. Ein weiterer Aspekt ist die kontinuierliche Erfassung und Analyse des Feedbacks der Mitarbeiter. Regelmäßige Umfragen, Feedback-Sitzungen und offene Kommunikationskanäle helfen Unternehmen, die Effektivität ihrer hybriden Modelle zu messen und

Verbesserungsmöglichkeiten zu erkennen. Dieses Feedback ist von unschätzbarem Wert, wenn es darum geht, die Arbeitsrichtlinien, -praktiken und -umgebungen iterativ anzupassen, um den sich wandelnden Bedürfnissen der Belegschaft besser gerecht zu werden.

Organisatorische Flexibilität ist auch bei der Vorbereitung auf künftige Anpassungen von entscheidender Bedeutung. Dazu gehört auch die Bereitschaft, das Gleichgewicht zwischen Fern- und Innendienst anzupassen, wenn sich die Umstände ändern, z. B. wenn sich die Richtlinien des öffentlichen Gesundheitswesens, die Präferenzen der Mitarbeiter oder die Geschäftsanforderungen ändern. Ein flexibler Ansatz ermöglicht es Organisationen, schnell und effektiv auf externe und interne Veränderungen zu reagieren. Innovation in Management- und Führungspraktiken ist ein weiterer wichtiger Bereich für künftige Anpassungen. In dem Maße, in dem sich hybride Arbeitsmodelle weiterentwickeln, müssen auch die Strategien für die Führung und das Management von Remote-Teams weiterentwickelt werden. Dies könnte die Weiterbildung von Managern in der Führung von Remote-Teams, Investitionen in Tools, die das Management von Remote-Teams erleichtern, und die Entwicklung neuer Messgrößen für die Bewertung der Leistung von Mitarbeitern in einem hybriden Arbeitsumfeld beinhalten.

Unternehmen erkennen, wie wichtig es ist, eine starke Unternehmenskultur und das Engagement der Mitarbeiter in einem hybriden Umfeld zu erhalten. Dies kann innovative Ansätze für die Teambildung und die Zusammenarbeit beinhalten und sicherstellen, dass sich die Mitarbeiter im Außendienst genauso verbunden und eingebunden fühlen wie ihre Kollegen im Büro.

Die Vorbereitung auf künftige Anpassungen bei hybriden Arbeitsmodellen erfordert ein Engagement für Innovation, Flexibilität und kontinuierliche Verbesserung. Indem sie sich auf technologische Entwicklungen einstellen, aktiv das Feedback ihrer Mitarbeiter einholen, sich an veränderte Umstände anpassen und ihre Managementpraktiken kontinuierlich erneuern, können Unternehmen sicherstellen, dass ihre hybriden Arbeitsmodelle langfristig effektiv, effizient und für alle Beteiligten vorteilhaft bleiben.

Zum Abschluss unserer Untersuchung der Fallstudien zu hybriden Arbeitsplätzen wird deutlich, dass diese Beispiele aus der Praxis ein umfassendes und nuanciertes Verständnis dafür vermitteln, wie Unternehmen den Wandel zu hybriden Arbeitsmodellen bewältigen. Diese Fallstudien sind insofern von Bedeutung, als sie praktische Einblicke und Lektionen bieten, die in verschiedenen Branchen und Unternehmensgrößen angewandt werden können.

Von Technologie-Start-ups bis hin zu multinationalen Konzernen zeigt die Vielfalt der vorgestellten Organisationen, dass hybride Arbeitsmodelle keine Einheitslösung sind. Stattdessen erfordern sie eine individuelle Anpassung an den jeweiligen Unternehmenskontext und die Unternehmenskultur. Die Fallstudien zeigen, wie wichtig Flexibilität, Kommunikation, Technologie und Führung für den Erfolg von Hybridarbeit sind.

Eine wichtige Erkenntnis aus diesen Fallstudien ist die entscheidende Rolle der Anpassungsfähigkeit in der sich entwickelnden Arbeitskultur von heute. Die Fähigkeit, sich an veränderte Umstände, Mitarbeiterbedürfnisse und technologische Fortschritte anzupassen, ist ein entscheidendes Merkmal von Unternehmen, die erfolgreich hybride Modelle eingeführt haben. Diese Anpassungsfähigkeit ist nicht nur eine Reaktion auf die Herausforderungen, die sich durch hybride Arbeitsformen ergeben, sondern auch ein proaktiver Ansatz zur Nutzung der damit verbundenen Chancen.

Eine weitere wichtige Erkenntnis ist die Betonung der Aufrechterhaltung und Neugestaltung der Organisationskultur in einer hybriden Umgebung. Die Fallstudien zeigen, dass es trotz der räumlichen Trennung der Teammitglieder möglich ist, durch gemeinsame Werte, regelmäßige Kommunikation und integrative Praktiken eine starke und kohäsive Kultur zu fördern. Dies erfordert ein bewusstes Bemühen der Führungskräfte und ein Engagement, das sicherstellt, dass sich alle Mitarbeiter, unabhängig von ihrem Standort, verbunden und engagiert fühlen.

Die Bedeutung von ständigem Lernen und Innovation ist ebenfalls ein wichtiges Thema. Da sich die Arbeitsumgebungen ständig weiterentwickeln, müssen die Unternehmen offen bleiben, um zu lernen und mit neuen Werkzeugen, Strategien und Managementpraktiken zu experimentieren. Diese ständige Weiterentwicklung ist unerlässlich, um in einer sich schnell verändernden Arbeitswelt relevant und wettbewerbsfähig zu bleiben.

Die Fallstudien zu hybriden Arbeitsplätzen bieten unschätzbare Einblicke in die Komplexität und das Potenzial hybrider Arbeitsmodelle. Sie unterstreichen die Notwendigkeit von Flexibilität, Innovation und einer Konzentration auf Kultur und Kommunikation. Während Organisationen auf der ganzen Welt den Wandel hin zu hybriden Arbeitsformen vollziehen, bieten die Erkenntnisse aus diesen Fallstudien Orientierung und Inspiration und zeigen die Möglichkeiten auf, dynamischere, integrativere und effektivere Arbeitsumgebungen zu schaffen.

Teil 3: Integration von generativer KI und hybriden Arbeitsmodellen

In Teil 3 von "The Future of Work Now" wagen wir uns an die faszinierende Schnittmenge von generativer KI und hybriden Arbeitsmodellen und verweben die Erkenntnisse aus den ersten Teilen des Buches. Dieser Teil ist dem Verständnis gewidmet, wie die innovativen Fähigkeiten der generativen KI harmonisch in die flexiblen, oft fließenden Bereiche hybrider Arbeitsumgebungen integriert werden können. Unser Ziel ist es, ein Mosaik von Strategien und Erkenntnissen zu schaffen, die Unternehmen dabei helfen können, das Potenzial der KI mit der Anpassungsfähigkeit hybrider Arbeitsumgebungen zu verbinden.

In Kapitel 9 untersuchen wir zunächst, wie sich generative KI in hybride Arbeitskulturen einfügen und diese verbessern kann. Dieses Kapitel befasst sich mit den praktischen Aspekten des Einsatzes von KI, um die Produktivität aufrechtzuerhalten und gleichzeitig die Flexibilität zu erhöhen, die hybrides Arbeiten ausmacht. Wir untersuchen, welche Rolle KI bei der Sicherstellung einer effektiven Kommunikation und Zusammenarbeit zwischen geografisch verteilten Teams spielt und wie KI-Tools an die besonderen Anforderungen hybrider Arbeitsumgebungen angepasst werden können.

In Kapitel 10 verlagert sich der Schwerpunkt auf die Entwicklung und Schulung von Fähigkeiten in einem Umfeld, in dem KI und hybride Arbeit nebeneinander bestehen. Angesichts des doppelten Bedarfs an KI-Kenntnissen und Fernarbeitskompetenzen werden in diesem Kapitel Strategien für die Weiterbildung der Arbeitskräfte vorgestellt, die sicherstellen, dass sie für die Navigation in einer KI-integrierten, hybriden Arbeitslandschaft gerüstet sind. Auch die Entwicklung von Führungskräften steht im

Mittelpunkt, wobei der Schwerpunkt auf der Kultivierung von Führungskräften liegt, die in der Leitung hybrider Teams und in der Nutzung von KI für eine aufschlussreiche Entscheidungsfindung versiert sind.

Ethisches Management bildet den Kern von Kapitel 11, in dem wir uns mit den komplexen ethischen Überlegungen befassen, die sich an der Schnittstelle von KI und hybrider Arbeit ergeben. Dazu gehört die Entwicklung eines umfassenden ethischen Rahmens für Themen wie Datenschutz und Überwachung sowie die Gewährleistung von Fairness und Inklusivität sowohl im Büro als auch in der Ferne. Das Kapitel unterstreicht die Bedeutung ethischer Wachsamkeit in einer KI-gesteuerten hybriden Arbeitsumgebung.

In Kapitel 12 werden die zuvor diskutierten theoretischen Konzepte durch eine Reihe von Fallstudien mit Leben gefüllt. Diese Beispiele aus der Praxis zeigen Unternehmen, die erfolgreich generative KI in ihre hybriden Arbeitsmodelle integriert haben. Durch die Analyse dieser Fälle gewinnen wir umsetzbare Erkenntnisse und Best Practices, die Unternehmen, die sich auf eine ähnliche Reise begeben wollen, einen praktischen Leitfaden an die Hand geben.

In diesem abschließenden Teil des Buches wollen wir einen ganzheitlichen Blick darauf werfen, wie generative KI und hybride Arbeitsmodelle nicht nur koexistieren, sondern sich gegenseitig aktiv ergänzen und verstärken können, um den Weg für eine dynamischere, effizientere und integrativere Zukunft der Arbeit zu ebnen.

Kapitel 9: Verknüpfung von KI mit hybriden Arbeitskulturen

Wir setzen unsere Erkundung der aufkeimenden Schnittmenge von generativer KI und hybriden Arbeitsmodellen fort. Diese Integration stellt eine Verschmelzung von technologischer Innovation mit neuen Arbeitsweisen dar und verspricht, die Landschaft des modernen Arbeitsplatzes erheblich umzugestalten. Dieses Kapitel soll einen Überblick über die Synergie zwischen diesen beiden Bereichen geben und die Voraussetzungen dafür schaffen, dass wir verstehen, wie KI effektiv in verschiedene Arbeitsumgebungen integriert werden kann.

Bei der Integration von KI in hybride Arbeitskulturen geht es nicht nur um die Implementierung neuer Technologien, sondern auch darum, diese Technologien mit den menschlichen Aspekten der Arbeit in Einklang zu bringen. KI bietet eine Reihe von Möglichkeiten zur Steigerung von Effizienz, Produktivität und Kreativität an hybriden Arbeitsplätzen. Von der Automatisierung von Routineaufgaben bis hin zur Bereitstellung fortschrittlicher Analysen und der Erleichterung einer besseren Entscheidungsfindung - KI hat das Potenzial, die Fähigkeiten menschlicher Arbeitskräfte erheblich zu erweitern.

Diese Integration bringt jedoch auch Herausforderungen und Überlegungen mit sich, insbesondere im Hinblick auf die Wahrung eines Gleichgewichts zwischen technologischer Effizienz und menschenzentrierten Arbeitsmethoden. Fragen wie die Ausbildung der Arbeitskräfte, der ethische Einsatz von KI und die potenziellen Auswirkungen auf die Beschäftigung und die Arbeitsaufgaben sind entscheidende Aspekte dieser Integration.

Zum Verständnis der Integration von KI in hybriden Arbeitsumgebungen gehört auch die Erforschung ihrer Anwendung in verschiedenen Sektoren und Arbeitsbereichen. Ob es um die Verbesserung der Kommunikation und Zusammenarbeit in verteilten Teams geht, um die Optimierung des Workflow-Managements in einer flexiblen Arbeitsumgebung oder um personalisierte Lern- und Entwicklungsmöglichkeiten für Mitarbeiter - die Rolle der KI ist vielschichtig.

In diesem Kapitel befassen wir uns mit verschiedenen Fallstudien und Beispielen, die zeigen, wie verschiedene Organisationen die Integration von KI in ihre hybriden Arbeitskulturen meistern. Diese Beispiele beleuchten die praktischen Aspekte dieser Integration, indem sie innovative Anwendungen von KI, Strategien zur Bewältigung von Herausforderungen und die greifbaren Vorteile, die KI in hybriden Arbeitsumgebungen bringen kann, hervorheben.

Das übergreifende Thema dieses Kapitels ist die Erforschung der Frage, wie KI und hybride Arbeitsmodelle sich gegenseitig ergänzen und verbessern können, was zu Arbeitsumgebungen führt, die nicht nur effizienter und produktiver, sondern auch anpassungsfähiger und menschenzentrierter sind. Ziel dieses Kapitels ist es, ein umfassendes Verständnis dafür zu vermitteln, wie KI nahtlos und ethisch vertretbar in hybride Arbeitsumgebungen integriert werden kann, um so zur Weiterentwicklung der Arbeitskultur im digitalen Zeitalter beizutragen. Die Integration von generativer KI in hybride Arbeitsmodelle bietet eine einzigartige Möglichkeit, die inhärente Flexibilität dieser Arrangements zu verbessern und gleichzeitig die Produktivität zu erhalten oder sogar zu steigern. Diese Harmonisierung von Technologie und Flexibilität ist der Schlüssel für die erfolgreiche Einführung von KI in hybriden Arbeitsplätzen.

Generative KI mit ihrer Fähigkeit, komplexe Aufgaben zu automatisieren, große Datenmengen zu analysieren und kreative Lösungen zu generieren, kann ein leistungsstarkes Werkzeug sein, um die Flexibilität hybrider Arbeit zu unterstützen. So können KI-gesteuerte Tools beispielsweise administrative Routineaufgaben automatisieren, sodass sich die Mitarbeiter auf strategischere und kreativere Aufgaben konzentrieren können, die zeitlich und örtlich flexibel erledigt werden können.

KI kann auch beim Projektmanagement und bei der Optimierung von Arbeitsabläufen in hybriden Umgebungen eine entscheidende Rolle spielen. Durch die Analyse von Arbeitsmustern und Projektzeitplänen können KI-Systeme Zeitpläne optimieren und Ressourcen effizient zuweisen und dabei die unterschiedlichen Zeitpläne und Standorte der Teammitglieder berücksichtigen. So wird sichergestellt, dass die Produktivität auch dann erhalten bleibt, wenn die Teammitglieder asynchron oder von verschiedenen Standorten aus arbeiten.

Darüber hinaus können KI-gesteuerte Kommunikations- und Kollaborationstools die Flexibilität von hybriden Arbeitsmodellen erhöhen. Diese Tools können Übersetzungs- und Transkriptionsdienste in Echtzeit bereitstellen und so die Zusammenarbeit global verteilter Teams erleichtern. KI kann auch Informationsfeeds und Benachrichtigungen personalisieren und so sicherstellen, dass Teammitglieder relevante Aktualisierungen erhalten, ohne überfordert zu werden, was wiederum dazu beiträgt, die Konzentration und Effizienz aufrechtzuerhalten.

KI kann fortschrittliche Analysen und Einblicke bieten, die Managern helfen, Fortschritte zu verfolgen und verbesserungswürdige Bereiche zu identifizieren. Prädiktive Analysen können potenzielle Engpässe oder Verzögerungen in Projekten vorhersehen und ermöglichen es den Teams, Probleme proaktiv anzugehen, bevor sie die Produktivität beeinträchtigen.

Die Integration von KI in hybride Arbeitsmodelle erfordert auch eine sorgfältige Abwägung der potenziellen Herausforderungen. Es muss sichergestellt werden, dass die KI-Tools benutzerfreundlich und für alle Mitarbeiter zugänglich sind, unabhängig von deren technischen Kenntnissen. Darüber hinaus sind Schulungen und Unterstützung von entscheidender Bedeutung, um die Mitarbeiter bei der Anpassung an KI-gesteuerte Tools und Prozesse zu unterstützen und sicherzustellen, dass sie sich in dieser erweiterten Arbeitsumgebung sicher und kompetent fühlen. Um die generative KI mit der Flexibilität hybrider Arbeitsmodelle in Einklang zu bringen, muss die KI genutzt werden, um Routineaufgaben zu automatisieren,

Arbeitsabläufe zu optimieren, die Kommunikation zu verbessern und wertvolle Erkenntnisse zu gewinnen - und das alles bei einfacher Nutzung und Zugänglichkeit. Auf diese Weise können Unternehmen das gesamte Potenzial der KI zur Unterstützung flexibler Arbeitsmodelle nutzen, was letztlich zu einer höheren Produktivität und einem dynamischeren, reaktionsfähigeren Arbeitsumfeld führt.

Die Integration von KI zur Erleichterung der Kommunikation und Verbesserung der Zusammenarbeit ist eine entscheidende Komponente in hybriden Arbeitsumgebungen, insbesondere für verteilte Teams. KI-Tools können die Interaktionen erheblich optimieren und die Zusammenarbeit fördern, selbst wenn die Teammitglieder räumlich voneinander getrennt sind. KI-gesteuerte Kommunikationstools revolutionieren die Art und Weise, wie Teams interagieren. KI-gesteuerte Chatbots und virtuelle Assistenten können beispielsweise dabei helfen, die Kommunikation zu verwalten und zu priorisieren, Meetings zu planen und rechtzeitig an Termine zu erinnern. KI kann auch Videokonferenz-Tools verbessern, indem sie Funktionen wie Echtzeit-Transkription, Übersetzung und Stimmungsanalyse bietet, wodurch digitale Meetings zugänglicher und effizienter werden, insbesondere für Teams mit unterschiedlichem sprachlichen und kulturellen Hintergrund.

In Bezug auf die Zusammenarbeit spielt die KI eine transformative Rolle. KI-gesteuerte Projektmanagement-Tools können Projektzeitpläne vorhersagen, Ressourcen optimal zuweisen und potenzielle Risiken durch die Analyse historischer Daten erkennen. Dieser proaktive Ansatz hilft dabei, Projekte auf Kurs zu halten und Teams auf ihre Ziele auszurichten. Darüber hinaus kann KI bei der Zusammenarbeit an Dokumenten helfen, indem sie Bearbeitungen vorschlägt, kontextrelevante Informationen bereitstellt und in einigen Fällen sogar Inhalte verfasst.

Beispiele für KI-gesteuerte Kollaborationstools sind Plattformen, die E-Mails und Arbeitsaufgaben intelligent kategorisieren und priorisieren, Kollaborationsplattformen, die relevante Dokumente oder Experten auf der Grundlage des Projektkontexts vorschlagen, und Kreativtools, die Design- oder Inhaltsvorschläge auf der Grundlage aktueller Trends und früherer Vorlieben anbieten. Die Implementierung von KI für Kommunikation und Zusammenarbeit in einer hybriden Umgebung ist nicht ohne Herausforderungen. Ein Hauptanliegen ist die Gewährleistung der Zugänglichkeit und Nutzbarkeit dieser KI-Tools für alle Teammitglieder, unabhängig von ihren technischen Kenntnissen. Es ist von entscheidender Bedeutung, dass diese Tools intuitiv sind und nur minimale Schulung erfordern, um sie effektiv zu nutzen. Eine weitere Herausforderung ist der Datenschutz und die Datensicherheit. Da KI-Tools häufig Zugriff auf sensible Unternehmens- und Mitarbeiterdaten benötigen, um optimal zu funktionieren, muss sichergestellt werden, dass diese Daten sicher und im Einklang mit den Datenschutzbestimmungen behandelt werden. Eine weitere Herausforderung besteht darin, ein übermäßiges Vertrauen in die KI zu vermeiden, was zu einer Verringerung der persönlichen Interaktionen führen könnte, die für den Zusammenhalt des Teams und die Kreativität entscheidend sind. Ein Gleichgewicht zwischen KI-gesteuerter Effizienz und den menschlichen Elementen der Zusammenarbeit ist unerlässlich.

Um diese Herausforderungen zu bewältigen, müssen Unternehmen einen strategischen Ansatz für die Implementierung von KI-Tools verfolgen. Dazu gehört eine gründliche Prüfung der Tools auf Sicherheit und Compliance, die Bereitstellung umfassender Schulungen und Unterstützung für Mitarbeiter sowie die Förderung einer Kultur, die sowohl technologische Effizienz als auch persönliche Interaktionen schätzt.

KI hat das Potenzial, die Kommunikation und Zusammenarbeit in hybriden Arbeitsumgebungen erheblich zu verbessern. Durch die Auswahl der richtigen Tools, die Bewältigung von Herausforderungen in Bezug auf Benutzerfreundlichkeit und Sicherheit sowie die Beibehaltung der menschlichen Note können Unternehmen KI nutzen, um eine besser vernetzte, produktive und kollaborative Belegschaft zu fördern.

Die Anpassung von KI-Tools an die besonderen Anforderungen hybrider Arbeitsplätze ist ein entscheidender Schritt, um sicherzustellen, dass diese Technologien sowohl Remote- als auch Büroarbeitsplätze effektiv unterstützen. Zur Anpassung von KI-Anwendungen gehört es, die spezifischen Herausforderungen und Anforderungen hybrider Umgebungen zu verstehen und die Technologie so anzupassen, dass sie diesen Anforderungen gerecht wird. Eine Schlüsselstrategie besteht darin, die spezifischen Probleme und Ziele innerhalb eines hybriden Arbeitsmodells zu identifizieren. Wenn beispielsweise die größte Herausforderung darin besteht, den Zusammenhalt im Team aufrechtzuerhalten, könnten KI-Tools, die die Interaktion und Zusammenarbeit im Team erleichtern, vorrangig eingesetzt werden. Liegt der Schwerpunkt hingegen auf Produktivität und Workflow-Management, könnten KI-Anwendungen, die Routineaufgaben automatisieren und das Projektmanagement optimieren, von größerem Nutzen sein.

Die Analyse der Effektivität von KI-Tools sowohl im Büro als auch an entfernten Standorten ist entscheidend. KI-Tools müssen in unterschiedlichen Arbeitsumgebungen einen Mehrwert bieten. So sollten KI-gesteuerte Kommunikationstools beispielsweise virtuelle Meetings ebenso effektiv erleichtern wie die persönliche Interaktion mit digitalen Hilfsmitteln. Ebenso sollte die KI für das Projektmanagement Aufgaben und Aktualisierungen nahtlos in die Arbeit von Mitarbeitern an entfernten Standorten und im Büro integrieren.

Fallstudien von Unternehmen, die KI-Tools erfolgreich für ihre hybriden Umgebungen angepasst haben, bieten wertvolle Einblicke. So könnte ein Technologieunternehmen KI-gestützte Analysetools zur Überwachung und Analyse von Workflow-Mustern einsetzen, um Engpässe zu erkennen, die in entfernten Arbeitsumgebungen auftreten, und diese Erkenntnisse zur Verbesserung der Prozesse nutzen. Ein anderes Beispiel wäre ein Marketingunternehmen, das KI-gestützte Tools zur Erstellung von Inhalten einsetzt, die es den Teammitgliedern ermöglichen, unabhängig von ihrem Standort gemeinsam Materialien zu entwerfen und zu bearbeiten.

Ein weiterer wichtiger Aspekt ist die Anpassung auf der Grundlage von Nutzerfeedback. Die regelmäßige Einholung von Feedback von Mitarbeitern zur Effektivität und Benutzerfreundlichkeit von KI-Tools kann Aufschluss darüber geben, wie diese Tools besser auf die Bedürfnisse einer hybriden Belegschaft zugeschnitten werden können. Eine kontinuierliche Iteration auf der Grundlage dieses Feedbacks kann den Nutzen von KI-Anwendungen in einem hybriden Umfeld erheblich steigern.

Schulung und Unterstützung sind ebenfalls entscheidend für eine effektive Anpassung. Die Mitarbeiter sollten angemessen geschult werden, damit sie die KI-Tools effektiv nutzen können. Dazu gehören nicht nur technische Schulungen, sondern auch Anleitungen, wie sie diese Tools in ihre täglichen Arbeitsabläufe integrieren können, um den Nutzen zu maximieren.

Die Anpassung von KI-Tools für hybride Umgebungen beinhaltet die Identifizierung spezifischer Arbeitsplatzanforderungen, die Sicherstellung der Effektivität dieser Tools in verschiedenen Arbeitsumgebungen, das Lernen aus erfolgreichen Fallstudien, die Einbeziehung von Nutzerfeedback und die Bereitstellung umfassender Schulungen und Unterstützung. Mit diesen Strategien können Unternehmen KI-Anwendungen so anpassen, dass sie ihre hybriden Arbeitsmodelle effektiv verbessern, was zu einer höheren Effizienz, Produktivität und Mitarbeiterzufriedenheit führt.

Schulungen und Anpassungen sind für eine erfolgreiche KI-Integration in hybriden Arbeitsmodellen von entscheidender Bedeutung, insbesondere angesichts der unterschiedlichen technologischen Fähigkeiten der Teammitglieder. Angemessene Schulungen stellen sicher, dass alle Mitarbeiter die KI-Tools effektiv nutzen können und so den Nutzen dieser Technologien für die hybride Arbeitsumgebung maximieren.

Die Deckung des Ausbildungsbedarfs der Mitarbeiter umfasst mehrere wichtige Schritte:

1. Bewertung des Qualifikationsniveaus: Vor der Implementierung von Schulungsprogrammen ist es wichtig, die aktuellen KI-Kenntnisse und technologischen Fähigkeiten der Mitarbeiter zu bewerten. Diese Bewertung hilft bei der Anpassung der Schulungen an die unterschiedlichen Bedürfnisse der verschiedenen Teammitglieder.

2. Maßgeschneiderte Schulungsprogramme: Auf der Grundlage der Kompetenzbewertung sollten die Unternehmen maßgeschneiderte Schulungsprogramme entwickeln. Diese Programme können von grundlegenden KI- und Technologieeinführungen für Anfänger bis hin zu fortgeschrittenen Schulungen für technisch versierte Mitarbeiter reichen. Es muss sichergestellt werden, dass die Schulungen relevant und auf die spezifischen Rollen und Funktionen der Mitarbeiter anwendbar sind.

3. Interaktive und fesselnde Lernmethoden: Mit einer Mischung aus verschiedenen Schulungsmethoden wie Workshops, Webinaren, interaktiven E-Learning-Modulen und praktischen Übungen können verschiedene Lerntypen angesprochen werden. Auch Gamification und reale Szenarien können den Lernprozess ansprechender und effektiver gestalten.

4. Kontinuierliches Lernen und Unterstützung: Die KI- und Technologielandschaft entwickelt sich ständig weiter. Die Bereitstellung von kontinuierlichen Lernmöglichkeiten und Ressourcen, wie z. B. Zugang zu Online-Kursen, technischen Vorträgen und Foren, kann den Mitarbeitern helfen, mit den neuesten Fortschritten Schritt zu halten.

5. Mentorenschaft und Peer-Learning: Die Einrichtung eines Mentorenprogramms oder von Peer-Learning-Gruppen, in denen technologisch versiertere Mitarbeiter andere anleiten, kann ein wirksames Mittel zur Förderung einer Kultur des Lernens und der Zusammenarbeit sein.

6. Ermutigung zum Experimentieren: Die Schaffung einer Umgebung, in der sich die Mitarbeiter sicher fühlen, mit KI-Tools zu experimentieren und aus ihren Erfahrungen zu lernen, kann eine schnellere Anpassung fördern. Die Ermutigung zum Experimentieren und die Nicht-Bestrafung von Fehlern während des Lernprozesses sind von entscheidender Bedeutung.

7. Feedback-Mechanismen: Die Einrichtung von Feedback-Kanälen, über die Mitarbeiter ihre Bedenken, Herausforderungen und Vorschläge zu KI-Tools und -Schulungen äußern können, kann Unternehmen dabei helfen, ihren Ansatz zu verfeinern und laufende Probleme zu lösen.

8. Einbindung und Unterstützung der Führungskräfte: Die Unterstützung durch die Führungskräfte ist der Schlüssel zur erfolgreichen Integration von KI. Die Führungskräfte sollten Schulungsprogramme aktiv unterstützen und daran teilnehmen, um das Engagement des Unternehmens für die Einführung von KI zu demonstrieren.

9. Kommunikation der Vorteile: Eine klare Kommunikation der Vorteile der KI-Integration, wie z. B. höhere Effizienz, einfachere Aufgabenverwaltung und bessere Entscheidungsfindung, kann die Mitarbeiter motivieren, den Wandel anzunehmen.

10. Überlegungen zur Barrierefreiheit: Die Sicherstellung, dass die Schulungs- und KI-Tools für alle Mitarbeiter, einschließlich derer mit Behinderungen, zugänglich sind, ist für eine integrative Einführung unerlässlich.

Um die reibungslose Einführung von KI-Technologien in einer hybriden Arbeitsumgebung zu erleichtern, ist ein umfassender und kontinuierlicher Schulungsansatz erforderlich, der auf unterschiedliche Qualifikationsniveaus eingeht, zum Experimentieren ermutigt und kontinuierliche Unterstützung und Ressourcen bereitstellt. Mit diesen Best Practices können Unternehmen ihre Mitarbeiter effektiv auf die Nutzung von KI-

Tools vorbereiten und so die Produktivität und Innovation am hybriden Arbeitsplatz steigern.

In hybriden Arbeitskulturen ist die Balance zwischen KI-Automatisierung und menschlicher Interaktion und Intuition eine nuancierte und kritische Aufgabe. Die Rolle der KI ist am vorteilhaftesten, wenn sie die menschlichen Fähigkeiten ergänzt, anstatt sie zu ersetzen. Dieses Gleichgewicht ist entscheidend für die Schaffung eines Arbeitsumfelds, das die Stärken von KI und menschlichen Mitarbeitern gleichermaßen nutzt.

Die Integration von KI sollte sich auf die Bereiche konzentrieren, in denen sie den größten Mehrwert erbringen kann, was in der Regel repetitive und zeitaufwändige Aufgaben sind. Durch die Automatisierung dieser Aspekte kann KI menschliche Mitarbeiter entlasten, die sich auf strategische, kreative und zwischenmenschliche Elemente ihrer Arbeit konzentrieren können. Es geht nicht darum, die menschliche Entscheidungsfindung zu ersetzen, sondern sie zu verbessern. Die KI-gestützte Datenanalyse kann beispielsweise wertvolle Erkenntnisse liefern, aber die endgültigen Entscheidungen sollten immer noch auf menschlicher Erfahrung und Intuition beruhen.

Die Schaffung einer kollaborativen Beziehung zwischen KI und menschlichen Mitarbeitern optimiert Effizienz und Innovation. KI kann die anfängliche Datenerfassung und -analyse übernehmen, während menschliche Mitarbeiter diese Ergebnisse interpretieren und dabei Nuancen und Kontext berücksichtigen. Die Schulung der Mitarbeiter in diesem kollaborativen Ansatz stellt sicher, dass sie sowohl die Stärken als auch die Grenzen der KI verstehen.

Ethische Überlegungen, insbesondere die Abschwächung von Verzerrungen in KI-Algorithmen, sind ebenfalls von entscheidender Bedeutung. Die Entwicklung von KI-Systemen, die transparent und fair sind, stellt sicher, dass sie menschenbezogene Werte wie Empathie und ethisches Urteilsvermögen unterstützen. Trotz der Bequemlichkeit von KI und digitalen Kommunikationswerkzeugen sind Möglichkeiten zur Interaktion in Echtzeit für die Aufrechterhaltung des

Teamzusammenhalts und des Gemeinschaftsgefühls unerlässlich. Investitionen in die Mitarbeiterentwicklung in Bereichen, in denen menschliche Fähigkeiten unersetzlich sind, wie z. B. Führung und Kreativität, stellen sicher, dass die Belegschaft wertvoll und relevant bleibt. Unternehmen sollten die Auswirkungen der KI auf ihre Belegschaft regelmäßig bewerten und Anpassungen vornehmen, um sicherzustellen, dass die KI-Automatisierung die Rolle der menschlichen Interaktion am Arbeitsplatz stärkt und nicht schmälert.

Um ein Gleichgewicht zwischen KI-Automatisierung und menschlicher Interaktion in einer hybriden Arbeitsumgebung zu schaffen, bedarf es eines durchdachten Ansatzes. Es geht darum, KI zu nutzen, um die menschliche Arbeit zu ergänzen, die Entscheidungsfindung zu verbessern, die Zusammenarbeit zu fördern und sicherzustellen, dass die Belegschaft für eine effektive Zusammenarbeit mit KI gerüstet ist. Dieses Gleichgewicht ist der Schlüssel zur Nutzung des vollen Potenzials der KI bei der Unterstützung und Ergänzung der menschlichen Arbeitskraft in hybriden Umgebungen.

Die Integration von KI in hybride Arbeitsmodelle bringt eine Reihe von ethischen Bedenken mit sich, insbesondere in Bezug auf den Schutz der Privatsphäre und die Datensicherheit. Der Umgang mit diesen Bedenken erfordert einen durchdachten und strategischen Ansatz, um die ethische Nutzung von KI zu gewährleisten. Eines der wichtigsten ethischen Anliegen ist der Schutz der Privatsphäre der Mitarbeiter. KI-Systeme benötigen oft Zugang zu großen Datenmengen, von denen einige persönlich oder sensibel sein können. Es muss unbedingt sichergestellt werden, dass diese Daten in einer Weise erfasst, gespeichert und verwendet werden, die die Privatsphäre der Mitarbeiter respektiert und die einschlägigen Datenschutzgesetze einhält. Dies erfordert die Umsetzung solider Data-Governance-Richtlinien, sicherer Datenspeicherlösungen und klarer Richtlinien für die Datennutzung.

Ein weiteres Anliegen ist die Transparenz und Fairness von KI-Systemen. Bei KI-Algorithmen besteht die Gefahr der

Voreingenommenheit, was zu ungerechten oder diskriminierenden Ergebnissen führen kann. Um dem entgegenzuwirken, müssen Unternehmen der Entwicklung von transparenten und rechenschaftspflichtigen KI-Systemen Priorität einräumen. Dies kann erreicht werden, indem verschiedene Teams in die Entwicklung und das Testen von KI-Systemen einbezogen werden, indem regelmäßige Audits auf Voreingenommenheit und Fairness durchgeführt werden und indem transparent gemacht wird, wie KI-Systeme Entscheidungen treffen. Auch die Gewährleistung der Datensicherheit ist ein wichtiges ethisches Anliegen. Mit dem zunehmenden Einsatz von KI und cloudbasierten Tools in hybriden Arbeitsmodellen wird der Schutz vor Datenschutzverletzungen und Cyberbedrohungen immer wichtiger. Unternehmen sollten in fortschrittliche Cybersicherheitsmaßnahmen investieren, ihre Systeme regelmäßig aktualisieren und ihre Mitarbeiter in bewährten Cybersicherheitsverfahren schulen.

Die Einbeziehung der Arbeitnehmer und ihre Zustimmung sind ebenfalls wichtige ethische Überlegungen. Die Mitarbeiter sollten darüber informiert werden, wie KI-Systeme an ihrem Arbeitsplatz eingesetzt werden und welche Auswirkungen dies auf ihre Arbeit hat. Die Einholung der Zustimmung der Mitarbeiter, insbesondere in Fällen, in denen KI-Tools zur Überwachung oder Bewertung der Arbeit eingesetzt werden, ist entscheidend für die Erhaltung des Vertrauens. Es besteht die Notwendigkeit einer kontinuierlichen ethischen Bewertung und Anpassung. In dem Maße, wie sich die KI-Technologie und ihre Anwendungen am Arbeitsplatz weiterentwickeln, sollten auch die ethischen Rahmenbedingungen für ihre Nutzung angepasst werden. Regelmäßige Überprüfungen und Aktualisierungen der KI-Richtlinien und -Praktiken unter Berücksichtigung der neuesten technologischen Fortschritte und ethischen Richtlinien sind notwendig.

Um den ethischen Einsatz von KI in einem hybriden Arbeitsumfeld zu gewährleisten, müssen die Privatsphäre der Mitarbeiter geschützt, die Transparenz und Fairness von KI-Systemen sichergestellt, die Datensicherheit gewahrt, die

Mitarbeiter einbezogen und deren Zustimmung eingeholt sowie eine kontinuierliche ethische Bewertung vorgenommen werden. Wenn Unternehmen diese Bedenken strategisch angehen, können sie die Vorteile von KI in ihren hybriden Arbeitsmodellen nutzen und gleichzeitig ethische Standards einhalten und das Vertrauen der Mitarbeiter erhalten.

Es liegt auf der Hand, dass die durchdachte Einbindung von KI-Technologien die Effizienz, Produktivität und Anpassungsfähigkeit dieser modernen Arbeitsumgebungen erheblich steigern kann. Dieses Kapitel hat das Potenzial von KI für die Umgestaltung verschiedener Aspekte hybrider Arbeit unterstrichen, von der Automatisierung von Routineaufgaben bis zur Erleichterung fortgeschrittener Datenanalysen und der Verbesserung der Kommunikation in verteilten Teams.

Die wichtigsten Erkenntnisse aus diesem Kapitel zeigen, dass die erfolgreiche Integration von KI in hybriden Arbeitsplätzen von mehreren entscheidenden Faktoren abhängt. Erstens ist die Anpassung von KI-Tools an die spezifischen Bedürfnisse und Herausforderungen hybrider Arbeitsmodelle von entscheidender Bedeutung. Dazu gehört die Anpassung von KI-Anwendungen, um die Flexibilität zu erhöhen und sowohl Remote- als auch In-Office-Arbeitsplätze zu unterstützen. Zweitens ist es entscheidend, ein Gleichgewicht zwischen KI-Automatisierung und menschlicher Interaktion zu wahren. Während KI die Effizienz optimieren kann, muss der einzigartige Wert menschlicher Kreativität, Intuition und zwischenmenschlicher Interaktion im Mittelpunkt der Arbeitsprozesse bleiben.

Die Berücksichtigung ethischer Erwägungen wie Datenschutz, Datensicherheit und Transparenz ist von grundlegender Bedeutung für die Schaffung von Vertrauen und Akzeptanz bei den Mitarbeitern. Die ethische Nutzung von KI erfordert die Implementierung robuster Data-Governance-Rahmenwerke, transparente KI-Algorithmen und die Einbeziehung der Mitarbeiter in die Diskussion über die KI-Integration.

Beim Übergang zum nächsten Kapitel verlagert sich der Schwerpunkt auf die Entwicklung von Fähigkeiten und die Ausbildung in einer KI-gesteuerten hybriden Welt. Die sich rasant entwickelnde Landschaft der KI am Arbeitsplatz erfordert eine Belegschaft, die nicht nur technologisch versiert ist, sondern auch die Zusammenarbeit mit KI-Tools beherrscht. Das nächste Kapitel wird sich mit Strategien und Best Practices für die Aus- und Weiterbildung von Mitarbeitern befassen, um sicherzustellen, dass sie für ein Umfeld gerüstet sind, in dem KI eine immer wichtigere Rolle spielt. Wir werden die Überschneidung von KI-Kenntnissen, kontinuierlichem Lernen und beruflicher Entwicklung untersuchen und Einblicke geben, wie Unternehmen eine Belegschaft heranziehen können, die kompetent, anpassungsfähig und bereit ist, die Möglichkeiten von KI in hybriden Arbeitsumgebungen zu nutzen.

Kapitel 10:

Qualifikationsentwicklung und Ausbildung in einer KI-gesteuerten hybriden Welt

In Kapitel 10 befassen wir uns mit dem kritischen Bereich der Kompetenzentwicklung und -schulung im Zusammenhang mit einem KI-gesteuerten hybriden Arbeitsplatz. Dieses Kapitel soll einen Überblick über die sich entwickelnde Qualifikationslandschaft geben, die durch die Integration von KI und die Einführung hybrider Arbeitsmodelle geprägt ist. Es unterstreicht die Bedeutung eines dualen Ansatzes für die Kompetenzentwicklung, der sowohl die KI-Kenntnisse als auch die für eine effektive Fernarbeit erforderlichen Kompetenzen berücksichtigt.

Die Integration von KI in hybride Arbeitsumgebungen verändert die Art der Arbeit rapide und führt zur Entstehung neuer und zur Umgestaltung bestehender Arbeitsaufgaben. Diese Entwicklung führt zu einer Nachfrage nach einer einzigartigen Reihe von Fähigkeiten, die Mitarbeiter besitzen müssen, um in einem solch dynamischen Umfeld erfolgreich zu sein. KI-Kenntnisse - das Verständnis dafür, wie KI funktioniert, wie sie angewendet werden kann und welche Auswirkungen KI-Entscheidungen haben - werden immer wichtiger. Dabei geht es nicht nur um technische Fähigkeiten zur Bedienung von KI-Systemen, sondern auch um das Verständnis des breiteren Kontexts, in dem diese Technologien eingesetzt werden.

Parallel zur KI-Kompetenz wächst der Bedarf an Kompetenzen, die eine effektive Fernarbeit ermöglichen. Dazu gehören digitale Kommunikationsfähigkeiten, Selbstmanagement,

Zeitmanagement und die Fähigkeit, in einer virtuellen Umgebung zusammenzuarbeiten. In einem hybriden Umfeld, in dem die Teammitglieder nicht immer denselben physischen Raum nutzen, sind diese Fähigkeiten für die Aufrechterhaltung von Produktivität, Zusammenarbeit und Teamzusammenhalt entscheidend.

Das Kapitel verdeutlicht die Notwendigkeit eines kontinuierlichen Lernens und der Anpassungsfähigkeit. Der rasche technologische Wandel, insbesondere im Bereich der KI, erfordert einen kontinuierlichen Ansatz für das Lernen und die Entwicklung von Fähigkeiten. Die Mitarbeiter müssen nicht nur mit den heute benötigten Fähigkeiten ausgestattet sein, sondern auch mit der Fähigkeit, sich anzupassen und neue Fähigkeiten zu erlernen, wenn sich die Arbeitsumgebung und die Technologie weiterentwickeln.

Wir werden die Strategien und bewährten Verfahren zur Förderung dieser wesentlichen Fähigkeiten in der Belegschaft untersuchen. Dazu gehören die Ermittlung von Schlüsselkompetenzen für die Zukunft der Arbeit, die Gestaltung effektiver Schulungsprogramme, die Nutzung von Technologien für die Kompetenzentwicklung und die Förderung einer Kultur des kontinuierlichen Lernens und der Anpassungsfähigkeit. Das Kapitel soll einen Leitfaden dafür bieten, wie Unternehmen eine Belegschaft aufbauen können, die nicht nur die technischen Aspekte der KI beherrscht, sondern sich auch in den Nuancen hybrider Arbeitsumgebungen zurechtfindet.

In einem KI-gesteuerten hybriden Arbeitsplatz wird die Weiterbildung der Mitarbeiter zu einem zentralen Aspekt für die Aufrechterhaltung von Wettbewerbsvorteilen und betrieblicher Effizienz. Die wesentlichen Fähigkeiten, die in solchen Umgebungen erforderlich sind, gehen über die traditionellen berufsspezifischen Kompetenzen hinaus und umfassen auch KI-Kenntnisse und verbesserte Fähigkeiten zur Fernarbeit.

KI-Kenntnisse werden für verschiedene Berufsrollen und Ebenen immer wichtiger, nicht nur für diejenigen, die direkt mit

Technologie zu tun haben. Für alle Mitarbeiter ist es wichtig, die Grundlagen der KI zu verstehen und zu wissen, wie sie in ihrem Arbeitsbereich angewendet werden kann und welche ethischen Auswirkungen KI-Entscheidungen haben. Diese Kenntnisse ermöglichen eine besser informierte und engagierte Belegschaft, die in der Lage ist, KI-Tools effektiv zu nutzen und zu KI-bezogenen Diskussionen und Entscheidungen innerhalb des Unternehmens beizutragen.

Die Bedeutung von KI-Kenntnissen geht über technisches Know-how hinaus; sie umfasst ein Verständnis dafür, wie sich die Integration von KI auf Arbeitsabläufe, Kundeninteraktionen und Entscheidungsprozesse auswirkt. Mitarbeiter aller Ebenen sollten in der Lage sein, mit KI-Tools zu interagieren, KI-gestützte Erkenntnisse zu interpretieren und die Grenzen der KI-Technologie zu verstehen.

Zusätzlich zu den KI-Kenntnissen ist die Entwicklung von Kompetenzen für die Fernarbeit in einem hybriden KI-Arbeitsplatz ebenso wichtig. Dazu gehören Fähigkeiten wie:

- Digitale Kommunikation: Zu einer effektiven Kommunikation in einem entfernten Umfeld gehört mehr als nur das Versenden von E-Mails oder Nachrichten. Sie erfordert ein Verständnis dafür, wie man klar und effektiv über verschiedene digitale Plattformen kommuniziert, seinen Kommunikationsstil an verschiedene Medien anpasst und sicherstellt, dass die wichtigsten Botschaften trotz fehlender physischer Hinweise übermittelt und verstanden werden.

- Selbstmanagement: Fernarbeit erfordert oft ein höheres Maß an Selbstdisziplin und Motivation. Fähigkeiten im Zeitmanagement, in der Priorisierung von Aufgaben und in der Festlegung persönlicher Arbeitsziele sind entscheidend. Die Mitarbeiter sollten in der Lage sein, ihr Arbeitspensum ohne die ständige Anwesenheit von Vorgesetzten oder die Struktur einer traditionellen Büroumgebung effektiv zu bewältigen.

- Virtuelle Zusammenarbeit: Die Fähigkeit, effektiv mit einem Team zusammenzuarbeiten, das nicht am selben Ort ist, ist von entscheidender Bedeutung. Dazu gehört der Einsatz von Tools für die Zusammenarbeit, die produktive Teilnahme an virtuellen Teambesprechungen und die Fähigkeit, asynchron an Projekten mitzuarbeiten.

Die Entwicklung dieser Kompetenzen erfordert eine Mischung aus formaler Schulung und Erfahrungslernen. Formelle Schulungsprogramme, ob persönlich oder online, können den Mitarbeitern grundlegende Kenntnisse und Fähigkeiten vermitteln. Erfahrungslernen, wie die Arbeit an funktionsübergreifenden Projekten oder die Teilnahme an virtuellen Teambuilding-Übungen, kann den Mitarbeitern helfen, diese Fähigkeiten in realen Szenarien anzuwenden.

Unternehmen sollten auch Ressourcen und Tools bereitstellen, die die Entwicklung dieser Fähigkeiten erleichtern. So können beispielsweise der Zugang zu Online-Kursen über KI und digitale Kommunikation, Plattformen, die eine virtuelle Zusammenarbeit ermöglichen, und Tools für ein effektives Zeitmanagement die Mitarbeiter dabei unterstützen, diese wichtigen Fähigkeiten zu erwerben und zu verbessern.

Bei der Qualifizierung für einen hybriden KI-Arbeitsplatz liegt der Schwerpunkt sowohl auf KI-Kenntnissen als auch auf Remote-Arbeitskompetenzen. Durch die Identifizierung und Entwicklung dieser wesentlichen Fähigkeiten können Unternehmen sicherstellen, dass ihre Mitarbeiter in der Lage sind, die Komplexität zu bewältigen und die Chancen zu nutzen, die sich durch KI-gesteuerte hybride Arbeitsumgebungen ergeben.

Die Entwicklung effektiver Schulungsprogramme für einen hybriden KI-Arbeitsplatz erfordert die Ausarbeitung eines Lehrplans, der das einzigartige Zusammenspiel zwischen fortschrittlicher Technologie und flexiblen Arbeitsvereinbarungen berücksichtigt. Diese Programme sollten auf die unterschiedlichen Bedürfnisse der Mitarbeiter eingehen, die sich in ihren Fähigkeiten und Rollen unterscheiden, und verschiedene

Schulungsmethoden anwenden, um das Lernen und das Engagement zu maximieren.

1. Bedarfsanalyse: Der erste Schritt bei der Entwicklung effektiver Schulungsprogramme ist die Durchführung einer gründlichen Bedarfsanalyse. Dazu gehört die Ermittlung der spezifischen Fähigkeiten und Wissenslücken im Zusammenhang mit KI und hybrider Arbeit innerhalb der Organisation. Umfragen, Interviews und Leistungsdaten können Aufschluss darüber geben, wo der größte Schulungsbedarf besteht.

2. Vielfältige Schulungsmethoden: Angesichts der unterschiedlichen Lernpräferenzen und Zeitpläne der Mitarbeiter an einem hybriden Arbeitsplatz ist es wichtig, einen Mix von Schulungsmethoden zu verwenden. Online-Lernplattformen bieten Flexibilität und können eine breite Palette von Kursen zu KI-Technologie, digitaler Kommunikation und Remote-Zusammenarbeit anbieten. Workshops, ob virtuell oder persönlich, können interaktive und praxisnahe Lernerfahrungen ermöglichen. Experimentelle Lernmöglichkeiten, wie projektbasiertes Lernen oder Simulationsübungen, können den Mitarbeitern helfen, neue Fähigkeiten in realen Szenarien anzuwenden.

3. Anpassung der Schulungsinhalte: Die Schulungsinhalte sollten auf die unterschiedlichen Bedürfnisse der verschiedenen Mitarbeitergruppen zugeschnitten sein. So benötigen technische Teams möglicherweise tiefer gehende Schulungen zu KI-Funktionen und Datenanalyse, während nicht-technische Mitarbeiter eher von Kursen zu KI-Anwendungen in ihren spezifischen Arbeitsbereichen und allgemeinen digitalen Kenntnissen profitieren. Schulungen für Führungskräfte könnten sich auf die Verwaltung von Remote-Teams und die Integration von KI in die strategische Planung konzentrieren.

4. Blended Learning-Ansätze: Die Kombination von Online-Lernen im eigenen Tempo und von Ausbildern geleiteten

Sitzungen kann verschiedenen Lernstilen gerecht werden und die Lernziele verstärken. Blended-Learning-Ansätze ermöglichen es den Mitarbeitern auch, die Grundlagen in ihrem eigenen Tempo zu erlernen und dann die Themen in interaktiven Sitzungen zu vertiefen.

5. Kontinuierliches Lernen und Unterstützung: Schulungen sollten kein einmaliges Ereignis sein, sondern Teil einer kontinuierlichen Lernkultur. Regelmäßige Aktualisierungen der Schulungsprogramme, Auffrischungskurse und fortlaufende Unterstützung wie Frage- und Antwort-Sitzungen, Foren oder spezielle Helpdesks können den Mitarbeitern dabei helfen, mit den technologischen Fortschritten und den sich entwickelnden Arbeitsmethoden Schritt zu halten.

6. Messung der Schulungseffektivität: Die Bewertung der Wirksamkeit von Schulungsprogrammen ist von entscheidender Bedeutung. Dies kann durch Bewertungen, Quiz, praktische Beurteilungen und Feedback-Umfragen geschehen. Auch die Überwachung der Anwendung von Fertigkeiten am Arbeitsplatz und der Auswirkungen auf die Leistung kann wertvolle Erkenntnisse über die Wirksamkeit des Schulungsprogramms liefern.

7. Förderung einer Lernkultur: Die Förderung einer Kultur, die ständiges Lernen und die Entwicklung von Fähigkeiten schätzt, ist von entscheidender Bedeutung. Dies kann durch die Unterstützung der Führungskräfte, die Anerkennung und Belohnung von Lernerfolgen und die Schaffung von Plattformen für den Wissensaustausch unter den Mitarbeitern gefördert werden.

Die Erstellung effektiver Schulungsprogramme für einen hybriden KI-Arbeitsplatz erfordert einen strategischen und umfassenden Ansatz, bei dem verschiedene Methoden zum Einsatz kommen, die Inhalte an die unterschiedlichen Bedürfnisse angepasst werden und ein Umfeld des kontinuierlichen Lernens und der Anpassung gefördert wird. Auf diese Weise können

Unternehmen sicherstellen, dass ihre Mitarbeiter gut gerüstet sind, um sich in der sich entwickelnden Landschaft der KI-gesteuerten Hybridarbeit zurechtzufinden.

In einer hybriden KI-Arbeitsumgebung nimmt die Entwicklung von Führungskräften neue Dimensionen an und erfordert eine nuancierte Mischung aus technischem Know-how und fortgeschrittenen Fähigkeiten im Bereich der Mitarbeiterführung. Eine wirksame Führung in einem solchen Umfeld zeichnet sich durch die Fähigkeit aus, KI für eine aufschlussreiche Entscheidungsfindung zu nutzen, geografisch verteilte Teams zu leiten, Innovationen voranzutreiben und eine kohäsive Teamkultur zu pflegen.

Die Schulung von Führungskräften zur Nutzung von KI-Tools für die datengestützte Entscheidungsfindung ist ein wichtiger Aspekt dieser Entwicklung. Führungskräfte müssen nicht nur die technische Funktionsweise von KI-Systemen verstehen, sondern auch, wie sie die Erkenntnisse, die diese Systeme liefern, interpretieren und anwenden können, um strategische Geschäftsentscheidungen zu treffen. Diese Fähigkeit ist unerlässlich, um sich in der datenreichen Landschaft moderner Geschäftsumgebungen zurechtzufinden.

Die Verwaltung verteilter Teams in einer hybriden Struktur ist ein weiterer wichtiger Schwerpunktbereich. Dazu müssen Führungskräfte die Kunst der digitalen Kommunikation beherrschen und vertrauensbildende Strategien entwickeln, die über physische Grenzen hinausgehen. Es geht darum, das Engagement, die Motivation und die Verbundenheit der verteilten Teammitglieder aufrechtzuerhalten, auch wenn der persönliche Kontakt fehlt. Führungskräfte müssen in der Lage sein, die besonderen Herausforderungen zu erkennen und auf sie zu reagieren, mit denen Remote-Mitarbeiter konfrontiert sind.

Die Förderung einer Innovationskultur an einem Arbeitsplatz mit hybrider KI ist ebenfalls entscheidend. Führungskräfte sollten ein Umfeld schaffen, in dem kreatives Denken und Experimentieren gefördert werden, indem KI eingesetzt wird, um neue

Erkenntnisse und Möglichkeiten zu entdecken. Die Ermutigung der Teammitglieder zum freien Austausch von Ideen und die Förderung einer Kultur des Experimentierens sind für diesen Prozess von grundlegender Bedeutung. Die Sicherstellung des Teamzusammenhalts in einer hybriden Umgebung ist ein schwieriger Balanceakt. Führungskräfte müssen Strategien implementieren, die ein Gefühl der Zugehörigkeit und der Einheit des Teams fördern, sei es durch regelmäßige virtuelle Teambuilding-Übungen, informelle Online-Treffen oder die Gewährleistung von Inklusivität bei allen Teaminteraktionen. Das Ziel ist es, eine starke Teamdynamik aufrechtzuerhalten, unabhängig davon, wo sich die Teammitglieder physisch befinden.

Auch die Anpassung des Führungsstils an das hybride KI-Umfeld ist notwendig. Führungskräfte müssen möglicherweise von traditionellen Kommando- und Kontrollansätzen zu einem eher kooperativen und unterstützenden Stil übergehen. Die Befähigung von Teams, effektive Delegation und unterstützende Anleitung sind Schlüsselkomponenten dieses adaptiven Führungsstils. Ethische Überlegungen zum Einsatz von KI sind ein weiterer wichtiger Aspekt der Führungsentwicklung. Führungskräfte müssen sich der potenziellen Voreingenommenheit von KI-Systemen, der breiteren Auswirkungen von KI auf die Beschäftigung und der ethischen Verwendung von KI in Entscheidungsprozessen bewusst sein.

Angesichts der sich ständig weiterentwickelnden KI-Technologien und hybriden Arbeitsstrategien ist es für Führungskräfte in diesen Umgebungen unerlässlich, sich kontinuierlich weiterzubilden und anzupassen. Mit den neuesten technologischen Fortschritten und sich entwickelnden Arbeitspraktiken auf dem Laufenden zu bleiben, stellt sicher, dass Führungskräfte in diesem dynamischen Umfeld effektiv und relevant bleiben.

Effektive Führung in einem hybriden KI-Kontext hat viele Facetten und umfasst technisches Verständnis, Mitarbeiterführung, Innovation, Teamzusammenhalt, ethische

Überlegungen und die Bereitschaft zum ständigen Lernen. Durch die Kultivierung dieser verschiedenen Fähigkeiten und Qualitäten können Führungskräfte ihre Organisationen erfolgreich durch die Komplexität einer hybriden KI-Arbeitsumgebung steuern.

In der sich schnell entwickelnden Arbeitslandschaft von heute, insbesondere in hybriden KI-Umgebungen, ist es von größter Bedeutung, eine Kultur des kontinuierlichen Lernens zu pflegen. Diese Kultur ist von entscheidender Bedeutung für die Anpassung an den ständigen technologischen Fortschritt und die Veränderungen der Arbeitsmethoden. Es geht darum, ein Umfeld zu schaffen, in dem Lernen und Kompetenzentwicklung nicht nur gefördert werden, sondern integraler Bestandteil der Unternehmensstruktur sind.

Eine Lernkultur am modernen Arbeitsplatz geht über traditionelle Schulungsansätze hinaus. Sie bedeutet, dass den Mitarbeitern vielfältige und leicht zugängliche Lernressourcen zur Verfügung gestellt werden, darunter Online-Kurse, Inhouse-Schulungen, Workshops und Lehrmaterialien, die auf unterschiedliche Lernstile und Bedürfnisse eingehen. Es geht jedoch nicht nur darum, Ressourcen zur Verfügung zu stellen, sondern auch darum, eine Mentalität zu fördern, die die Mitarbeiter motiviert, ihr Lernen selbst in die Hand zu nehmen. Dazu könnten Initiativen gehören wie das Angebot von Lernstipendien, die Zuweisung von Arbeitszeit für die persönliche Entwicklung und die Anerkennung selbstgesteuerter Lernbemühungen.

Die direkte Integration des Lernens in die Arbeitsabläufe ist ein weiterer wichtiger Aspekt. Wenn Schulungs- und Entwicklungsmöglichkeiten in die täglichen Aufgaben und Projekte integriert werden, wird das Lernen zu einem natürlichen Teil der Arbeit. Diese Integration kann beispielsweise durch die Einbeziehung von Sitzungen zum Austausch von Fertigkeiten in Teamsitzungen oder die Einbettung von Lernkomponenten in Projektnachbesprechungen verstärkt werden.

Die Führung spielt eine zentrale Rolle bei der Förderung und dem Vorleben dieser Kultur. Wenn Führungskräfte sich aktiv an ihrer eigenen beruflichen Entwicklung beteiligen und ihre Lernerfahrungen offen weitergeben, ist dies ein starkes Beispiel für das Team. Führungskräfte sollten ihre Teams nicht nur dazu ermutigen, sich weiterzubilden, sondern auch ein Umfeld schaffen, das diese Bemühungen schätzt und unterstützt.

Die Schaffung von Lerngemeinschaften innerhalb der Organisation kann die Lernkultur ebenfalls verbessern. Die Einrichtung von Peer-Learning-Gruppen, Mentoring-Programmen und regelmäßigen Treffen zum Wissensaustausch können das gemeinschaftliche Lernen und den Wissensaustausch erleichtern und das Gemeinschaftsgefühl rund um das Lernen fördern.

Die Anerkennung und Belohnung von Lern- und Entwicklungserfolgen wirkt ebenfalls als starker Motivator. Ob durch formale Anerkennung bei Leistungsbewertungen, Auszeichnungen für Lernerfolge oder beiläufige Anerkennungen in Meetings - die Anerkennung von Lernerfolgen fördert eine positive Verstärkungsschleife.

Ein reaktionsschneller Umgang mit Feedback zu Lerninitiativen ist entscheidend. Regelmäßiges Einholen und Umsetzen von Feedback stellt sicher, dass Lernprogramme und -ressourcen relevant und effektiv bleiben und auf die Bedürfnisse der Mitarbeiter und die Unternehmensziele abgestimmt sind.

Der Aufbau einer Kultur des kontinuierlichen Lernens in einer hybriden KI-Arbeitsumgebung umfasst mehr als nur die Bereitstellung von Ressourcen. Es geht um die Förderung des selbstinitiierten Lernens, die Integration des Lernens in die Arbeit, die Unterstützung durch Führungskräfte, die Förderung von Lerngemeinschaften, die Anerkennung von Leistungen und die Anpassungsfähigkeit auf der Grundlage von Feedback. Dieser Ansatz bereitet die Mitarbeiter nicht nur darauf vor, mit den sich entwickelnden Arbeitsanforderungen Schritt zu halten, sondern fördert auch einen Arbeitsplatz, an dem Wachstum, Innovation und Anpassungsfähigkeit geschätzt werden.

Die Bewertung der Auswirkungen und der Effektivität von Schulungsinitiativen an einem Hybrid-AI-Arbeitsplatz ist ein vielschichtiger Prozess, der verschiedene Methoden und Ansätze umfasst. Es ist wichtig, sowohl quantitative als auch qualitative Bewertungen zu kombinieren, um ein umfassendes Verständnis dafür zu gewinnen, wie gut diese Programme ihre Ziele erreichen. Quantitative Maßnahmen wie Abschlussquoten und Testergebnisse liefern greifbare Daten zum Engagement und Verständnis der Lernenden. Gleichzeitig bieten qualitative Bewertungen durch das Feedback der Teilnehmer tiefere Einblicke in die Relevanz und Anwendbarkeit der Schulung am Arbeitsplatz.

Feedback-Mechanismen spielen in diesem Bewertungsprozess eine entscheidende Rolle. Das Sammeln von Feedback von den Teilnehmern durch Umfragen nach der Schulung, Fokusgruppen oder Interviews ist von unschätzbarem Wert für das Verständnis der Wirksamkeit der Schulung. Dieses Feedback sollte nicht nur unmittelbar nach dem Programm eingeholt werden, sondern auch nach einem Zeitraum, in dem die Teilnehmer die Möglichkeit hatten, das Gelernte in ihrer täglichen Arbeit anzuwenden. Ein solches Längsschnitt-Feedback hilft dabei, die Auswirkungen der Schulung in der Praxis zu beurteilen.

Beobachtung und Überwachung am Arbeitsplatz sind auch der Schlüssel zur Messung der Wirksamkeit von Schulungsprogrammen. Vorgesetzte und Manager können Veränderungen in der Leistung und die Anwendung der neuen Fähigkeiten beobachten und so praktische Einblicke in die Umsetzung der Schulung in verbesserte Arbeitsmethoden gewinnen.

Die Durchführung einer ROI-Analyse (Return on Investment) ist besonders bei umfangreicheren Schulungsprogrammen sinnvoll. Bei dieser Analyse wird der Nutzen der Schulung im Verhältnis zu den Kosten betrachtet, wobei Faktoren wie Produktivitätssteigerungen, Qualitätsverbesserungen und die Verringerung von Fehlern oder Ineffizienzen berücksichtigt werden.

Das Prinzip der kontinuierlichen Verbesserung ist von zentraler Bedeutung für den Erfolg von Schulungsinitiativen. Schulungsprogramme dürfen nicht statisch sein, sondern müssen auf der Grundlage von Rückmeldungen, technologischen Fortschritten und Veränderungen in den Aufgabenbereichen ständig weiterentwickelt werden. Regelmäßige Überprüfungen und Aktualisierungen von Schulungsmaterialien, Methoden und Inhalten gewährleisten, dass die Programme relevant und effektiv bleiben.

Die Bewertung der langfristigen Auswirkungen von Schulungen auf die berufliche Entwicklung und die Mitarbeiterbindung kann zusätzliche Erkenntnisse liefern. Die Verfolgung der Karrierewege von Mitarbeitern, die an Schulungen teilgenommen haben, kann die Rolle dieser Programme bei der Förderung der Mitarbeiterentwicklung und -zufriedenheit aufzeigen. Ein Benchmarking mit Branchenstandards oder anderen Unternehmen kann eine externe Perspektive auf die Wirksamkeit von Schulungsprogrammen bieten. Dieser Vergleich kann dabei helfen, Bereiche zu identifizieren, in denen die Schulung überragend oder unzureichend ist, und bietet einen Maßstab für kontinuierliche Verbesserungen. Die Messung der Effektivität von Schulungen in einer hybriden KI-Arbeitsumgebung ist ein fortlaufender Prozess, der eine Mischung aus unmittelbaren und langfristigen Bewertungsstrategien erfordert, die sowohl harte Daten als auch qualitatives Feedback umfassen. Dieser umfassende Ansatz stellt sicher, dass die Schulungsprogramme nicht nur den aktuellen Bedürfnissen entsprechen, sondern auch in der Lage sind, sich an die sich verändernde Arbeitsplatzlandschaft anzupassen und weiterzuentwickeln.

Bei der Entwicklung von Fähigkeiten für einen Hybrid-AI-Arbeitsplatz bieten Beispiele aus der Praxis verschiedener Unternehmen wertvolle Einblicke in effektive Strategien und bewährte Verfahren. Diese Fallstudien veranschaulichen, wie verschiedene Unternehmen die Herausforderungen der Qualifizierung von Mitarbeitern in einem Umfeld bewältigt haben, in dem technologische Fortschritte und flexible Arbeitsregelungen nebeneinander bestehen.

Ein Beispiel dafür ist ein globales Technologieunternehmen, das ein umfassendes KI-Kenntnisprogramm für alle seine Mitarbeiter ins Leben gerufen hat. Diese Initiative umfasste eine Reihe von Online-Kursen, Workshops und interaktiven Seminaren, um das Verständnis für KI-Technologien und ihre Anwendungen in verschiedenen Geschäftsbereichen zu verbessern. Der Erfolg des Programms zeigte sich in einer deutlichen Steigerung des Mitarbeiterengagements und der praktischen Anwendung von KI-Kenntnissen in Projekten, was zu innovativeren Lösungen und effizienteren Arbeitsabläufen führte.

In einer anderen Fallstudie geht es um ein Finanzdienstleistungsunternehmen, das sich auf die Entwicklung von Fernarbeitskompetenzen bei seinen Mitarbeitern konzentrierte. Das Unternehmen erkannte die Herausforderungen, die mit der Leitung verteilter Teams verbunden sind, und führte eine Reihe virtueller Schulungen durch, um die digitale Kommunikation, das Projektmanagement und die Zusammenarbeit zu verbessern. Das Programm umfasste auch virtuelle Mentoren und Peer-Learning-Gruppen, um den Wissensaustausch zu erleichtern und eine unterstützende Lernumgebung zu schaffen. Die Bewertungen nach der Schulung ergaben eine verbesserte Zusammenarbeit und Produktivität im Team, und die Mitarbeiter berichteten, dass sie sich im Umgang mit dem hybriden Arbeitsmodell sicherer fühlten.

Ein weiteres überzeugendes Beispiel liefert ein Einzelhandelsunternehmen. Angesichts der Notwendigkeit, KI in den Kundenservice zu integrieren, entwickelte das Unternehmen ein Schulungsprogramm, das sowohl auf technische als auch auf nicht-technische Mitarbeiter zugeschnitten war. Das Programm umfasste KI-Grundlagen, ethische Überlegungen und Strategien zur Kundenbindung mithilfe von KI-Tools. Die Schulung vermittelte den Mitarbeitern nicht nur die notwendigen Fähigkeiten, sondern förderte auch eine Kultur der ethischen Nutzung von KI, die die Kundenzufriedenheit und das Vertrauen in die Marke stärkte.

Aus diesen Fallstudien lassen sich mehrere wichtige Erkenntnisse und bewährte Verfahren ableiten. Erstens kann man gar nicht genug betonen, wie wichtig es ist, Schulungsprogramme auf die spezifischen Bedürfnisse des Unternehmens und seiner Mitarbeiter abzustimmen. Durch die Anpassung an den Kunden wird die Relevanz gewährleistet und die Wahrscheinlichkeit erhöht, dass die Fähigkeiten am Arbeitsplatz erfolgreich angewendet werden. Zweitens wird durch die Kombination verschiedener Schulungsmethoden, wie z. B. Online-Lernen mit interaktiven Workshops, den unterschiedlichen Lernstilen Rechnung getragen und das Engagement erhöht. Drittens sind fortlaufende Unterstützung und Gelegenheiten zur praktischen Anwendung entscheidend für die Konsolidierung der neuen Fähigkeiten. Und schließlich stärkt die Einbeziehung der Führungskräfte in den Schulungsprozess, entweder als Teilnehmer oder als Sponsoren, das Engagement der Organisation für kontinuierliches Lernen und die Entwicklung von Fähigkeiten.

Diese Beispiele aus der Praxis unterstreichen den Wert gut durchdachter Initiativen zur Kompetenzentwicklung in einer hybriden KI-Arbeitsumgebung. Anhand dieser Lektionen und Best Practices können Unternehmen effektivere Schulungsprogramme entwickeln, die nicht nur die erforderlichen Kompetenzen aufbauen, sondern auch ihre umfassenderen strategischen Ziele in der sich wandelnden Arbeitswelt unterstützen.

Da sich die KI-Technologie ständig weiterentwickelt, ist die Vorwegnahme künftiger Trends bei den Qualifikationsanforderungen von entscheidender Bedeutung für die Erhaltung einer wettbewerbsfähigen und effektiven Belegschaft. Um in einer sich ständig verändernden Technologielandschaft bei der Entwicklung von Fähigkeiten und der Vorbereitung der Arbeitskräfte die Nase vorn zu haben, ist ein proaktiver und vorausschauender Ansatz erforderlich.

Um künftige Trends im Bereich der KI zu verstehen, muss man die technologischen Fortschritte und ihre potenziellen Auswirkungen auf verschiedene Branchen genau im Auge behalten. So könnte der zunehmende Einsatz von KI in der Automatisierung eine stärkere Betonung von Fähigkeiten im Zusammenhang mit KI-Management und -Aufsicht erfordern. Ebenso werden mit der zunehmenden Integration von KI in Entscheidungsprozesse die Fähigkeiten zur Interpretation und Beurteilung von KI-generierten Daten immer wertvoller werden.

Um sich auf diese künftigen Qualifikationsanforderungen vorzubereiten, können Unternehmen verschiedene Strategien anwenden:

- Kontinuierliche Markt- und Technologieüberwachung: Es ist wichtig, sich über die neuesten Entwicklungen in der KI-Technologie und die Markttrends auf dem Laufenden zu halten. Dies kann durch regelmäßige Recherchen in der Branche, die Teilnahme an Technologiekonferenzen und die Pflege von Kontakten zu Technologie-Thinktanks und Universitäten erreicht werden.

- Zusammenarbeit mit Bildungsinstitutionen: Partnerschaften mit Universitäten und Bildungseinrichtungen können den Zugang zu modernsten Forschungs- und Ausbildungsprogrammen ermöglichen. Diese Partnerschaften können bei der Gestaltung von Lehrplänen helfen, die auf die neuesten Anforderungen der Industrie und technologische Fortschritte abgestimmt sind.

- Bewertung der Mitarbeiterfähigkeiten und Entwicklungspläne: Eine regelmäßige Bewertung der Fähigkeiten der Mitarbeiter und die Erstellung individueller Entwicklungspläne können sicherstellen, dass jeder Mitarbeiter auf den Erwerb zukunftsrelevanter Fähigkeiten hinarbeitet. Maßgeschneiderte Entwicklungspläne, die sowohl auf den aktuellen Arbeitsanforderungen als auch auf zukünftigen Trends basieren, gewährleisten einen gezielteren und effektiveren Ansatz für die Kompetenzentwicklung.

- Förderung der Entwicklung funktionsübergreifender Fähigkeiten: An einem KI-gesteuerten Arbeitsplatz werden funktionsübergreifende Fähigkeiten immer wichtiger. Wenn Mitarbeiter dazu ermutigt werden, Fähigkeiten außerhalb ihres unmittelbaren Fachgebiets zu entwickeln, insbesondere in den Bereichen Technologie und Datenanalyse, kann dies zu einer vielseitigeren und anpassungsfähigeren Belegschaft führen.

- Ausbildung von Führungskräften: Die Vorbereitung von Führungskräften auf die Führung in einem sich schnell entwickelnden technologischen Umfeld ist entscheidend. Schulungen in Bereichen wie Veränderungsmanagement, Führung bei der digitalen Transformation und KI-Ethik versetzen Führungskräfte in die Lage, ihre Teams effektiv durch technologische Umstellungen zu führen.

Die Vorbereitung auf zukünftige Qualifikationsanforderungen in einem KI-gesteuerten Arbeitsumfeld erfordert kontinuierliches Lernen und Anpassungsfähigkeit, sowohl auf organisatorischer als auch auf individueller Ebene. Durch die Vorwegnahme künftiger Trends, die Förderung einer Lernkultur, die Zusammenarbeit mit Bildungseinrichtungen und die Konzentration auf die Entwicklung aktueller und künftiger Fähigkeiten können Unternehmen in der dynamischen Landschaft von KI und Technologie die Nase vorn haben.

Es ist klar, dass dieser Aspekt für Unternehmen, die die Komplexität moderner Arbeitsumgebungen bewältigen müssen, von zentraler Bedeutung ist. Die Integration von KI-Technologien und der Übergang zu hybriden Arbeitsmodellen haben eine Landschaft geschaffen, in der kontinuierliches Lernen, Anpassungsfähigkeit und technologische Kompetenz wichtiger denn je sind.

Die Bedeutung der Kompetenzentwicklung kann in diesem Zusammenhang gar nicht hoch genug eingeschätzt werden. Da KI die Art der Arbeit immer weiter umgestaltet, müssen die Mitarbeiter nicht nur über die technischen Fähigkeiten verfügen, um mit KI-Systemen zu interagieren, sondern auch über die Soft

Skills, die notwendig sind, um in einer hybriden Umgebung erfolgreich zu sein. Dazu gehört die Fähigkeit, Remote-Teams zu managen, effektiv in einem digitalen Umfeld zu kommunizieren und Produktivität und Engagement unabhängig vom physischen Standort aufrechtzuerhalten.

Zu den wichtigsten Strategien für eine erfolgreiche Kompetenzentwicklung in einer KI-gesteuerten hybriden Welt gehört ein proaktiver Schulungsansatz, der sich sowohl auf aktuelle als auch auf künftige Kompetenzanforderungen konzentriert. Unternehmen müssen technologischen Trends immer einen Schritt voraus sein, die Fähigkeiten ihrer Belegschaft kontinuierlich bewerten und vielfältige und zugängliche Schulungsprogramme anbieten. Die Betonung von funktionsübergreifenden und KI-spezifischen Fähigkeiten, die Förderung einer Kultur des kontinuierlichen Lernens und die Sicherstellung, dass die Führungskräfte für die Bewältigung dieser Übergänge gerüstet sind, sind allesamt entscheidende Komponenten.

Fortbildung sollte nicht als einmaliges Ereignis betrachtet werden, sondern als fortlaufender Prozess, der sich an die sich wandelnden Bedürfnisse der Mitarbeiter und des Unternehmens anpasst. Dies erfordert eine Verpflichtung zur kontinuierlichen Verbesserung, regelmäßige Feedback-Mechanismen und die Flexibilität, Schulungsprogramme als Reaktion auf technologische Fortschritte und veränderte Marktanforderungen anzupassen.

Beim Übergang zum nächsten Kapitel verlagert sich der Schwerpunkt auf das ethische Management an der Schnittstelle von KI und Hybridarbeit. Diese anstehende Diskussion ist von entscheidender Bedeutung, da sie sich mit den ethischen Überlegungen und Herausforderungen befasst, die bei der Integration von KI in hybride Arbeitsmodelle auftreten. Es wird untersucht, wie Unternehmen diese Herausforderungen meistern können, um sicherzustellen, dass KI in einer Weise eingesetzt wird, die ethisch vertretbar und fair ist und mit den Werten des Unternehmens und den gesellschaftlichen Normen in Einklang steht. Die Überschneidung von KI und Ethik in einer hybriden

Arbeitsumgebung ist ein komplexer, aber wesentlicher Schwerpunkt, der für den Aufbau eines nachhaltigen, verantwortungsvollen und zukunftsorientierten Arbeitsplatzes entscheidend ist.

Kapitel 11: Ethisches Management im Schnittpunkt von KI und Hybridarbeit

In Kapitel 11 befassen wir uns mit dem facettenreichen und komplizierten Bereich des ethischen Managements an der Schnittstelle von KI-Technologie und hybriden Arbeitsumgebungen. Diese Einführung bildet die Grundlage für eine gründliche Untersuchung der ethischen Komplexität, die entsteht, wenn fortschrittliche technologische Systeme in moderne, flexible Arbeitsmodelle integriert werden.

Die Konvergenz von KI und hybriden Arbeitsmodellen bringt eine Reihe von einzigartigen ethischen Herausforderungen und Überlegungen mit sich. Die KI-Technologie mit ihren Möglichkeiten der Datenverarbeitung, Automatisierung und Entscheidungsfindung bietet enorme Vorteile für die Steigerung der Effizienz und Produktivität am Arbeitsplatz. Diese Fortschritte werfen jedoch auch erhebliche ethische Fragen auf. Im Vordergrund stehen dabei Fragen zum Datenschutz, zur Überwachung, zu algorithmischen Verzerrungen und zu den Auswirkungen der KI auf die Arbeitsaufgaben und das Wohlbefinden der Mitarbeiter.

In einem hybriden Arbeitsumfeld, in dem die Grenzen zwischen privaten und beruflichen Bereichen zunehmend verschwimmen, werden die ethischen Auswirkungen des Einsatzes von KI noch deutlicher. Die Verwaltung der Datensicherheit, die Fairness von KI-gesteuerten Entscheidungen, die sich auf Remote-Mitarbeiter auswirken, und die Aufrechterhaltung einer integrativen Arbeitskultur sind nur einige der Themen, die sorgfältig geprüft werden müssen.

In diesem Zusammenhang ist es wichtig, die Bedeutung des ethischen Managements zu betonen. Ethisches Management bedeutet nicht nur die Einhaltung gesetzlicher Normen und Vorschriften, sondern auch die Sicherstellung, dass die Integration von KI am Arbeitsplatz mit den allgemeinen Unternehmenswerten und ethischen Grundsätzen übereinstimmt. Dieser Ansatz ist entscheidend für die Aufrechterhaltung von Vertrauen, Integrität und Transparenz am Arbeitsplatz. Er fördert eine Kultur, in der sich die Mitarbeiter wertgeschätzt und respektiert fühlen und in der die Vorteile der KI mit einem Bekenntnis zur ethischen Verantwortung in Einklang gebracht werden.

Im Laufe dieses Kapitels werden wir verschiedene Strategien und Rahmen für ethisches Management im Kontext von KI und hybrider Arbeit untersuchen. Wir werden reale Szenarien untersuchen, bewährte Praktiken diskutieren und uns damit befassen, wie Organisationen einen ethischen Rahmen schaffen können, der Innovationen unterstützt und gleichzeitig die Interessen und das Wohlergehen aller Beteiligten schützt. Ziel ist es, einen Fahrplan für die Navigation durch die ethische Landschaft einer technologisch fortgeschrittenen und geografisch verstreuten Belegschaft zu erstellen, um ein harmonisches Gleichgewicht zwischen technologischem Fortschritt und ethischer Integrität zu gewährleisten.

In der gegenwärtigen Landschaft, in der KI und hybride Arbeitsmodelle immer häufiger anzutreffen sind, ist der Aufbau eines umfassenden ethischen Rahmens unabdingbar. Solche Rahmenbedingungen dienen als Rückgrat für die Entscheidungsfindung und den Betrieb und stellen sicher, dass die Integration von KI in hybriden Arbeitsplätzen mit den Grundwerten und ethischen Standards übereinstimmt.

Die Entwicklung dieser ethischen Leitlinien ist von entscheidender Bedeutung, um spezifische Probleme anzugehen, die sich an der Schnittstelle von KI und hybriden Arbeitsumgebungen ergeben. So ist beispielsweise der Datenschutz ein vorrangiges Anliegen, da KI-Systeme oft große Mengen an persönlichen und sensiblen Daten verarbeiten.

Unternehmen müssen sicherstellen, dass mit diesen Daten verantwortungsvoll umgegangen wird, indem sie sich strikt an die Datenschutzgesetze halten und sich zum Schutz von Mitarbeiterdaten verpflichten.

Ein weiteres großes Problem ist die Überwachung. Der Einsatz von KI zur Überwachung der Produktivität und des Verhaltens von Mitarbeitern, insbesondere an entfernten Standorten, wirft ethische Fragen hinsichtlich der Autonomie und der Privatsphäre der Mitarbeiter auf. Es ist wichtig, ein Gleichgewicht zu finden, bei dem KI das Workflow-Management unterstützt, ohne die persönlichen Grenzen zu verletzen oder eine Kultur des Misstrauens zu schaffen.

Die Gleichbehandlung von Mitarbeitern im Büro und im Außendienst ist ebenfalls ein wichtiger Aspekt der ethischen Integration von KI. KI-gesteuerte Entscheidungen, von Leistungsbewertungen bis hin zur Ressourcenzuweisung, sollten fair und unvoreingenommen sein und sicherstellen, dass keine Gruppe von Mitarbeitern aufgrund ihres Arbeitsortes benachteiligt oder bevorzugt wird.

Zur Schaffung und Umsetzung dieser ethischen Rahmenbedingungen in Organisationen kann ein mehrstufiger Ansatz gewählt werden:

1. Einbeziehung der Stakeholder: Beziehen Sie verschiedene Interessengruppen, darunter die Führungsebene, die Personalabteilung, die IT-Abteilung, die Rechtsabteilung und die Mitarbeiter, in die Entwicklung des ethischen Rahmens ein. Dieser integrative Ansatz stellt sicher, dass verschiedene Perspektiven berücksichtigt werden, was zu umfassenderen und praktischeren Richtlinien führt.

2. Ethische Grundprinzipien definieren: Legen Sie klare ethische Grundsätze fest, die den Einsatz von KI und das Management hybrider Arbeitsmodelle leiten sollen. Diese Grundsätze sollten die Werte des Unternehmens widerspiegeln und

zentrale Anliegen wie Transparenz, Fairness, Datenschutz und Verantwortlichkeit berücksichtigen.

3. Entwicklung spezifischer Politiken und Leitlinien: Entwickeln Sie auf der Grundlage der Grundprinzipien spezifische Grundsätze und Leitlinien. Diese sollten Aspekte wie Datenverarbeitung, KI-Einsatz, Mitarbeiterüberwachung und Entscheidungsprozesse abdecken. Stellen Sie sicher, dass diese Richtlinien klar und praktisch sind und mit den rechtlichen Standards übereinstimmen.

4. Schulung und Kommunikation: Informieren Sie Mitarbeiter und Führungskräfte durch Schulungsprogramme und Kommunikationskampagnen über die ethischen Rahmenbedingungen. Das Verständnis dieser Richtlinien ist für alle Beteiligten unerlässlich, um fundierte Entscheidungen treffen und verantwortungsvoll handeln zu können.

5. Regelmäßige Überprüfung und Anpassung: Ethische Rahmenwerke sollten nicht statisch sein. Sie sollten regelmäßig überprüft und aktualisiert werden, um sie an neue technologische Entwicklungen, rechtliche Änderungen und die sich entwickelnde Dynamik am Arbeitsplatz anzupassen. Dieser Prozess sollte ein kontinuierliches Stakeholder-Feedback und die Überwachung der Auswirkungen von KI am Arbeitsplatz beinhalten.

6. Umsetzung und Durchsetzung: Schaffung von Mechanismen zur Umsetzung und Durchsetzung dieser ethischen Leitlinien. Dies könnte die Integration ethischer Aspekte in die Gestaltung von KI-Systemen, die Einrichtung von Aufsichtsausschüssen und die Einrichtung von Berichts- und Prüfverfahren zur Gewährleistung der Einhaltung umfassen.

Der Aufbau eines ethischen Rahmens für KI und hybride Arbeitsmodelle erfordert einen durchdachten und gemeinschaftlichen Ansatz. Dazu müssen ethische Grundprinzipien definiert, praktische Richtlinien entwickelt, Stakeholder geschult und eine kontinuierliche Überprüfung und

Anpassung sichergestellt werden. Durch die Einführung und Einhaltung dieser Rahmenbedingungen können Unternehmen die Vorteile von KI und hybrider Arbeit nutzen und gleichzeitig ethische Integrität und Vertrauen bewahren.

Der Umgang mit Datenschutz und Sicherheit ist eine komplexe Herausforderung in hybriden Arbeitsumgebungen, insbesondere in solchen, die durch KI beeinflusst werden. Mit der zunehmenden Abhängigkeit von digitalen Tools und datengesteuerten Entscheidungen wird der Schutz sensibler Informationen zu einem wichtigen Anliegen. Da die Mitarbeiter von verschiedenen Standorten aus arbeiten, steigt das Risiko von Datenschutzverletzungen und Verstößen gegen die Privatsphäre, was robuste Datenschutzmaßnahmen unerlässlich macht.

Die Herausforderungen des Datenschutzes und der Sicherheit in einer hybriden KI-Umgebung sind vielschichtig. KI-Systeme benötigen oft Zugriff auf große Datenmengen, zu denen auch sensible Mitarbeiterinformationen und geschützte Geschäftsdaten gehören können. Die Gewährleistung der Sicherheit dieser Daten während ihrer Nutzung, Speicherung oder Übertragung ist von größter Bedeutung. Die Möglichkeit, dass KI versehentlich sensible Daten preisgibt oder zu böswilligen Zwecken manipuliert wird, erhöht die Komplexität zusätzlich.

Bewährte Verfahren zum Schutz sensibler Informationen in verteilten Arbeitsumgebungen umfassen eine Kombination aus technischen Lösungen, Mitarbeiterschulungen und der Umsetzung von Richtlinien. Technologisch gesehen sind fortschrittliche Verschlüsselungsmethoden, sichere Cloud-Speicherlösungen und robuste Zugangskontrollen von entscheidender Bedeutung. Die regelmäßige Aktualisierung dieser Systeme und die Durchführung von Sicherheitsaudits können helfen, Schwachstellen zu erkennen und zu beheben.

Die Schulung der Mitarbeiter ist ein weiterer wichtiger Aspekt. Die Arbeitnehmer müssen über die Bedeutung der Datensicherheit und die besten Praktiken zu ihrer Aufrechterhaltung aufgeklärt werden, z. B. über die Erkennung von Phishing-Versuchen, die

Sicherung von Heimnetzwerken und den sicheren Umgang mit sensiblen Informationen. Regelmäßige Schulungen können dafür sorgen, dass diese Praktiken in den Vordergrund rücken.

Rechtliche und regulatorische Überlegungen sind ebenfalls ein wesentlicher Bestandteil von Datenschutz- und Sicherheitsstrategien. Unternehmen müssen sich über Gesetze und Vorschriften zum Datenschutz informieren, wie etwa die Allgemeine Datenschutzverordnung (GDPR) in der Europäischen Union oder den California Consumer Privacy Act (CCPA) in den Vereinigten Staaten. Die Einhaltung dieser Vorschriften hilft nicht nur dabei, rechtliche Strafen zu vermeiden, sondern schafft auch Vertrauen bei Kunden und Mitarbeitern.

Die Umsetzung klarer Datenschutzrichtlinien ist unerlässlich. In diesen Richtlinien sollte dargelegt werden, wie Daten erhoben, verwendet, gespeichert und weitergegeben werden, sowohl innerhalb des Unternehmens als auch an Dritte. Sie sollten auch die Rechte von Mitarbeitern und Kunden in Bezug auf ihre Daten und die Verfahren für den Umgang mit Datenschutzverletzungen darlegen.

Der Umgang mit Datenschutz und -sicherheit in einer hybriden KI-Arbeitsumgebung erfordert einen umfassenden Ansatz, der technologische Sicherheitsvorkehrungen, Mitarbeiterschulungen, die Einhaltung rechtlicher und regulatorischer Anforderungen sowie klare Unternehmensrichtlinien miteinander kombiniert. Indem sie dem Datenschutz und der Sicherheit Priorität einräumen, können Unternehmen sensible Informationen schützen und das Vertrauen ihrer Mitarbeiter und Kunden in einer zunehmend digitalen und datengesteuerten Arbeitsumgebung erhalten.

Der Umgang mit Überwachungs- und Kontrollbedenken in einer hybriden Arbeitsumgebung, insbesondere wenn KI-gesteuerte Tools beteiligt sind, erfordert eine sorgfältige Prüfung der ethischen Auswirkungen. Der Einsatz von KI zur Überwachung von Mitarbeitern hat erheblich zugenommen und bietet Arbeitgebern beispiellose Möglichkeiten zur Überwachung und

Analyse der Produktivität und des Verhaltens von Mitarbeitern. Dies wirft jedoch ernsthafte ethische Fragen in Bezug auf die Privatsphäre und Autonomie der Mitarbeiter auf.

Die ethischen Implikationen der Mitarbeiterüberwachung durch KI-Tools sind vielfältig. Einerseits können diese Tools wertvolle Einblicke in Arbeitsmuster und Produktivität liefern und so bei der Ressourcenzuweisung und dem Leistungsmanagement helfen. Andererseits kann eine übermäßige Überwachung zu einer Kultur des Misstrauens führen, die möglicherweise die Privatsphäre der Mitarbeiter verletzt und ein stressiges Arbeitsumfeld schafft.

Es ist ein heikler Balanceakt, die Notwendigkeit der Überwachung mit der Achtung der Privatsphäre und Autonomie der Mitarbeiter in Einklang zu bringen. Die Arbeitgeber müssen den schmalen Grat zwischen den legitimen Geschäftsinteressen an der Überwachung der Arbeitsleistung und der Achtung der persönlichen Grenzen der Mitarbeiter meistern. Dieses Gleichgewicht ist entscheidend für die Aufrechterhaltung eines positiven und vertrauensvollen Arbeitsumfelds.

Die Entwicklung von Strategien für transparente und ethische Überwachungspraktiken beinhaltet mehrere wichtige Überlegungen:

- Klare Kommunikation und Richtlinien: Die Arbeitgeber sollten den Mitarbeitern Umfang und Zweck der Überwachung klar mitteilen. Diese Mitteilung sollte beinhalten, was überwacht wird, wie die Daten verwendet werden und welche Maßnahmen zum Schutz der Privatsphäre der Mitarbeiter ergriffen werden. Durch die Festlegung klarer Richtlinien für die Überwachungspraktiken wird sichergestellt, dass die Mitarbeiter umfassend informiert sind und ihre Zustimmung geben können.

- Begrenzung des Überwachungsumfangs: Die Überwachung sollte sich auf das beschränken, was für legitime Geschäftszwecke erforderlich ist. Es ist wichtig, allzu aufdringliche Methoden zu vermeiden und sich auf die für die

Arbeitsaufgaben relevanten Leistungskennzahlen zu konzentrieren. Arbeitgeber sollten von der Überwachung persönlicher Aktivitäten und Daten absehen, die nichts mit den Arbeitsaufgaben zu tun haben.

- Mitarbeiterbeteiligung an der Entwicklung von Richtlinien: Die Einbindung der Mitarbeiter in die Entwicklung von Überwachungsmaßnahmen kann dazu beitragen, dass diese Maßnahmen fair und respektvoll sind. Das Feedback der Mitarbeiter kann wertvolle Erkenntnisse darüber liefern, was als akzeptable und effektive Überwachung angesehen wird.

- Regelmäßige Überprüfung und Überwachung: Eine regelmäßige Überprüfung der Überwachungspraktiken und ihrer Auswirkungen auf die Mitarbeiter ist unerlässlich. Dieser Überprüfungsprozess kann dazu beitragen, festzustellen, ob die Überwachungspraktiken angepasst werden müssen, um die Privatsphäre und Autonomie der Mitarbeiter besser zu respektieren.

- Einhaltung der Gesetze: Die Arbeitgeber müssen sicherstellen, dass alle Überwachungspraktiken mit den geltenden Gesetzen und Vorschriften zum Schutz der Privatsphäre und des Datenschutzes der Mitarbeiter übereinstimmen. Dazu gehört das Verständnis und die Einhaltung der regionalen und nationalen Gesetze, die die Überwachung am Arbeitsplatz regeln.

Der Umgang mit Überwachungs- und Kontrollbedenken in einer hybriden KI-Arbeitsumgebung erfordert ein Gleichgewicht zwischen den Bedürfnissen des Unternehmens und den Rechten der Mitarbeiter. Durch die Einführung transparenter, ethischer und rechtskonformer Überwachungspraktiken und die Einbeziehung der Mitarbeiter in den Prozess der Richtlinienentwicklung können Arbeitgeber sicherstellen, dass die Überwachung legitimen Geschäftszwecken dient und gleichzeitig die Privatsphäre und Autonomie ihrer Mitarbeiter respektiert.

Die Sicherstellung, dass die Integration von KI in hybride Modelle ein integratives und gerechtes Arbeitsumfeld fördert, ist entscheidend für die Aufrechterhaltung eines positiven und produktiven Arbeitsplatzes. Der Einsatz von KI in diesen Bereichen birgt sowohl Chancen als auch Herausforderungen für die Förderung von Gerechtigkeit und Inklusion. Während KI Prozesse rationalisieren und Erkenntnisse für eine bessere Entscheidungsfindung liefern kann, besteht auch das Risiko, dass sich Vorurteile verfestigen und zu Ungleichheiten unter den Mitarbeitern führen.

Um Vorurteile in KI-Systemen abzuschwächen, muss man sich zunächst darüber im Klaren sein, dass KI-Algorithmen und Datensätze bestehende Vorurteile widerspiegeln können, sei es in Bezug auf Rasse, Geschlecht, Alter oder andere Faktoren. Die Abschwächung dieser Vorurteile erfordert einen proaktiven Ansatz, der mit der Diversifizierung der an der KI-Entwicklung beteiligten Teams beginnt. Eine heterogene Gruppe von Entwicklern und Datenwissenschaftlern kann unterschiedliche Perspektiven einbringen und dazu beitragen, potenzielle Vorurteile zu erkennen und zu beseitigen, die in einem homogeneren Team möglicherweise nicht erkennbar wären. Entscheidend ist auch die sorgfältige Prüfung und Aufbereitung der Datensätze, die zum Training von KI-Systemen verwendet werden. Es muss sichergestellt werden, dass diese Datensätze repräsentativ und frei von diskriminierenden Mustern sind, um zu verhindern, dass KI voreingenommene Entscheidungen trifft. Regelmäßige Überprüfungen von KI-Algorithmen auf verzerrte Ergebnisse und ggf. Anpassungen können ebenfalls dazu beitragen, dass diese Systeme fair arbeiten.

Über die technischen Maßnahmen hinaus ist die Förderung einer integrativen Kultur in dezentralen und hybriden Arbeitsumgebungen von entscheidender Bedeutung. Dazu gehören Initiativen zur Förderung von Vielfalt und Inklusion, z. B. Schulungsprogramme für Vielfalt, integrative Einstellungspraktiken und Richtlinien, die sicherstellen, dass alle Mitarbeiter unabhängig von ihrem Standort den gleichen Zugang zu Chancen und Ressourcen haben. Regelmäßige virtuelle

Teambuilding-Aktivitäten und integrative Kommunikationspraktiken können dazu beitragen, dass sich Remote-Mitarbeiter genauso verbunden und wertgeschätzt fühlen wie ihre Kollegen im Büro.

Die Förderung von Vielfalt und Inklusion bedeutet auch, dass für Mitarbeiter mit unterschiedlichen Bedürfnissen Vorkehrungen getroffen und Unterstützung geleistet werden muss. Dazu könnten flexible Arbeitsregelungen, zugängliche technologische Hilfsmittel und Ressourcen gehören, die auf unterschiedliche Lernstile und Fähigkeiten zugeschnitten sind.

Die Förderung von Gleichberechtigung und Inklusion in einer hybriden KI-Arbeitsumgebung erfordert eine Kombination aus technischer Sorgfalt bei der Entwicklung und Überwachung von KI-Systemen und dem engagierten Bemühen, eine integrative und unterstützende Kultur zu fördern. Wenn diese Aspekte berücksichtigt werden, können Unternehmen KI nicht nur zur Steigerung von Effizienz und Produktivität nutzen, sondern auch zum Aufbau eines gerechteren und integrativeren Arbeitsplatzes.

Bei der Integration von KI in hybriden Arbeitsplätzen wird die ethische Entscheidungsfindung zu einer zentralen Aufgabe der Führungskräfte. Die von den Führungskräften getroffenen Entscheidungen über den Einsatz von KI können erhebliche Auswirkungen sowohl auf die Belegschaft als auch auf das Unternehmen im Allgemeinen haben. Diese Entscheidungen zu treffen, erfordert ein gründliches Verständnis der ethischen Grundsätze und das Engagement, den Einsatz von KI mit diesen Grundsätzen in Einklang zu bringen.

Die Führung spielt eine entscheidende Rolle dabei, den Ton anzugeben, wie KI am Arbeitsplatz eingesetzt wird. Dabei geht es nicht nur darum, Entscheidungen darüber zu treffen, welche KI-Technologien implementiert werden sollen, sondern auch darum, wie sich diese Technologien auf die Privatsphäre der Mitarbeiter, die Arbeitsaufgaben und das gesamte Arbeitsumfeld auswirken werden. Führungskräfte müssen die Vorteile von KI-Tools gegen potenzielle ethische Risiken abwägen, wie z. B. die Verletzung der Privatsphäre oder Verzerrungen in KI-Algorithmen.

Um die Verantwortlichen in diesem Prozess zu unterstützen, wurden mehrere Rahmenwerke und Instrumente entwickelt, die als Leitfaden für ethische Entscheidungen bei der Integration von KI dienen sollen. Dabei handelt es sich häufig um eine Reihe von Grundsätzen oder Leitlinien, die zur Bewertung der ethischen Auswirkungen von KI-Systemen herangezogen werden können. So sind beispielsweise Grundsätze wie Transparenz, Fairness, Nichtdiskriminierung und Rechenschaftspflicht in diesen Rahmenwerken häufig enthalten. Sie bieten einen Maßstab, anhand dessen KI-Technologien und ihre Anwendungen bewertet werden können. Neben den ethischen Rahmenwerken können auch Entscheidungshilfen wie ethische Folgenabschätzungen eingesetzt werden. Bei diesen Bewertungen wird systematisch untersucht, wie sich eine bestimmte KI-Anwendung auf verschiedene Interessengruppen auswirkt und ob sie mit den ethischen Standards der Organisation in Einklang steht. Dieser Prozess umfasst häufig eine Risikobewertung, die Konsultation von Interessengruppen und die Planung von Szenarien.

Führungskräfte können auch Beiräte oder Ethikausschüsse einsetzen, die sich aus Mitgliedern mit unterschiedlichen Hintergründen und Fachkenntnissen zusammensetzen. Diese Gremien können wertvolle Einblicke und Empfehlungen zum ethischen Einsatz von KI geben und sicherstellen, dass die Entscheidungen fundiert sind und verschiedene Perspektiven berücksichtigen.

Die Schulung und Ausbildung von Führungskräften und Entscheidungsträgern in Sachen Ethik ist von entscheidender Bedeutung. Das Verständnis der ethischen Dimensionen von KI und die Information über die neuesten Entwicklungen in der KI-Ethik können Führungskräften helfen, fundiertere Entscheidungen zu treffen.

Ethische Entscheidungen bei der Integration von KI in hybriden Arbeitsplätzen erfordern von den Führungskräften eine sorgfältige

Abwägung der Auswirkungen dieser Technologien. Mit Hilfe von ethischen Rahmenwerken, Folgenabschätzungen, Beratungsgremien und kontinuierlicher Weiterbildung können Führungskräfte sicherstellen, dass ihre Entscheidungen über den Einsatz von KI verantwortungsbewusst und fundiert sind und sowohl mit den Werten des Unternehmens als auch mit allgemeineren ethischen Standards übereinstimmen.

Die Pflege einer Unternehmenskultur, die den verantwortungsvollen und ethischen Einsatz von KI in den Vordergrund stellt, ist in den heutigen, zunehmend von KI geprägten Arbeitsumgebungen unerlässlich. Diese Kultur hängt von einer unternehmensweiten Verpflichtung zu ethischen Grundsätzen beim Einsatz und der Nutzung von KI ab, die sicherstellt, dass KI-Technologien auf eine Weise genutzt werden, die für alle Beteiligten vorteilhaft und fair ist.

Die Entwicklung einer verantwortungsvollen KI-Kultur beginnt mit einer klaren Botschaft von oben. Die Führungsebene sollte die Bedeutung ethischer KI-Praktiken konsequent kommunizieren und diese Philosophie in die Unternehmenswerte einbetten. Dieser Ansatz schafft einen Präzedenzfall für die Entscheidungsfindung und das Verhalten auf allen Ebenen des Unternehmens. Schulungs- und Sensibilisierungsprogramme sind entscheidend für die Aufklärung der Mitarbeiter über ethische KI-Praktiken. Diese Programme sollten Themen wie die potenziellen Risiken und Vorteile von KI, das Verständnis von Vorurteilen in der KI und die Bedeutung von Datenschutz und -sicherheit abdecken. Die Schulungen sollten so gestaltet sein, dass sie für Mitarbeiter aus verschiedenen Abteilungen zugänglich und ansprechend sind, nicht nur für diejenigen, die direkt mit KI-Technologien arbeiten.

Es ist wichtig, ein Umfeld zu schaffen, in dem ethische Überlegungen Teil der täglichen Gespräche über KI sind. Dazu könnten regelmäßige Diskussionen, Workshops oder Seminare gehören, die sich mit den jüngsten Entwicklungen in der KI-Ethik, Fallstudien oder ethischen Dilemmata im Zusammenhang mit KI am Arbeitsplatz befassen.

Die Förderung von Transparenz und Offenheit im Zusammenhang mit KI-Einsätzen kann ebenfalls zu einer verantwortungsvollen KI-Kultur beitragen. Wenn die Mitarbeiter verstehen, wie und warum KI-Systeme eingesetzt werden, ist es wahrscheinlicher, dass sie diesen Technologien vertrauen und verantwortungsvoll mit ihnen umgehen. Zu dieser Transparenz gehört es, offen über die Grenzen und Möglichkeiten von KI-Systemen zu sprechen. Die Schaffung von Kanälen, über die Mitarbeiter Bedenken oder Vorschläge zum Einsatz von KI äußern können, kann dazu beitragen, ethische Standards zu wahren. Dies könnte in Form von Feedback-Mechanismen, Vorschlagsboxen oder regelmäßigen Treffen geschehen, bei denen die Mitarbeiter KI-bezogene Themen diskutieren können.

Die Einbeziehung einer vielfältigen Gruppe von Mitarbeitern in KI-bezogene Projekte und Entscheidungen kann auch die ethischen Ergebnisse verbessern. Die Vielfalt in den Teams trägt dazu bei, mehrere Perspektiven einzubringen, das Risiko unbeabsichtigter Voreingenommenheit zu verringern und sicherzustellen, dass KI-Systeme fair und integrativ sind. Die Entwicklung einer verantwortungsvollen KI-Kultur ist ein fortlaufender Prozess, der das Engagement aller Ebenen des Unternehmens erfordert. Indem sie ethischen KI-Praktiken durch klare Botschaften der Führung, umfassende Schulungen, offenen Dialog, Transparenz, Mitarbeiterbeteiligung und Feedback-Mechanismen Priorität einräumen, können Unternehmen ein Umfeld schaffen, in dem KI verantwortungsvoll, ethisch und effektiv eingesetzt wird.

In dem Maße, wie sich KI weiterentwickelt und sich Arbeitsmodelle ändern, wird die Vorbereitung auf künftige ethische Herausforderungen zu einer wichtigen Aufgabe für Unternehmen. Die Vorwegnahme dieser Dilemmata und die Entwicklung von Strategien, um sie proaktiv anzugehen, sind entscheidend für die Aufrechterhaltung der ethischen Integrität und des Vertrauens am Arbeitsplatz.

Die Zukunft von KI und Arbeitsmodellen wird wahrscheinlich komplexe ethische Fragen mit sich bringen, insbesondere wenn

KI-Systeme immer fortschrittlicher und integraler in die Geschäftsabläufe werden. Zu diesen Herausforderungen gehören u. a. wachsende Bedenken hinsichtlich des Datenschutzes, da KI immer besser in der Lage ist, riesige Datenmengen zu verarbeiten, ausgefeiltere Überwachungsinstrumente für Mitarbeiter, die die Grenzen zwischen Aufsicht und Verletzung der Privatsphäre verwischen, und Entscheidungsalgorithmen, die unbeabsichtigt Vorurteile aufrechterhalten könnten.

Um bei der Bewältigung dieser Herausforderungen proaktiv und anpassungsfähig zu bleiben, müssen Unternehmen einen vielschichtigen Ansatz entwickeln:

1. Kontinuierliche ethische Schulung und Sensibilisierung: Es ist wichtig, mit den neuesten Entwicklungen in der KI-Ethik Schritt zu halten. Regelmäßige Schulungen und Sensibilisierungsprogramme für Mitarbeiter und Führungskräfte stellen sicher, dass die Belegschaft des Unternehmens über neue ethische Überlegungen und bewährte Verfahren informiert bleibt.

2. Ethische Folgenabschätzungen: Die regelmäßige Durchführung ethischer Folgenabschätzungen von KI-Systemen kann Unternehmen dabei helfen, potenzielle Probleme zu erkennen, bevor sie problematisch werden. Diese Bewertungen sollten die Auswirkungen von KI auf verschiedene Stakeholder berücksichtigen und beurteilen, ob KI-Implementierungen mit den ethischen Grundsätzen der Organisation übereinstimmen.

3. Anpassungsfähige ethische Rahmenwerke: Die Entwicklung eines ethischen Rahmens, der sich an Veränderungen anpassen lässt, ist von entscheidender Bedeutung. In dem Maße, wie sich die KI-Technologie weiterentwickelt, sollten auch die ethischen Leitlinien für ihre Nutzung angepasst werden. Diese Rahmen sollten regelmäßig überprüft und aktualisiert werden, um neuen Entwicklungen und Erkenntnissen Rechnung zu tragen.

4. Inklusive Politikentwicklung: Durch die Einbeziehung einer Vielzahl von Stimmen in die Entwicklung von KI-Politiken und ethischen Leitlinien wird sichergestellt, dass ein breites Spektrum von Perspektiven berücksichtigt wird. Dieser Ansatz kann dabei helfen, potenzielle blinde Flecken und Vorurteile bei der Implementierung und Nutzung von KI zu identifizieren.

5. Einbindung der Stakeholder: Ein regelmäßiger Austausch mit verschiedenen Stakeholdern, einschließlich Mitarbeitern, Kunden und Branchenexperten, kann Aufschluss über potenzielle ethische Herausforderungen und deren bestmögliche Bewältigung geben. Diese Einbeziehung kann in Form von Umfragen, Fokusgruppen oder Konsultationen mit externen Ethikexperten erfolgen.

6. Risikomanagement-Strategien: Die Entwicklung von Risikomanagement-Strategien speziell für die KI-Ethik kann dazu beitragen, auftretende ethische Probleme schnell zu lösen. Dazu gehören die Identifizierung potenzieller Risikobereiche, die Überwachung auf ethische Verstöße und klare Verfahren zur Entschärfung etwaiger Probleme.

7. Engagement der Führung: Ein starkes Engagement der Führungskräfte für den ethischen Einsatz von KI ist unerlässlich. Führungskräfte sollten ethisches Verhalten und ethische Entscheidungsfindung vorleben und die Bedeutung von Ethik in der KI und in den Arbeitsabläufen betonen.

Die Vorbereitung auf künftige ethische Herausforderungen im Zusammenhang mit KI und hybriden Arbeitsmodellen erfordert kontinuierliche Weiterbildung, anpassungsfähige ethische Rahmenbedingungen, die Entwicklung umfassender Richtlinien, die proaktive Einbeziehung von Stakeholdern, spezifische Risikomanagementstrategien und ein starkes Engagement der Führungskräfte. Durch die Annahme dieser Strategien können Organisationen proaktiv und anpassungsfähig bleiben und sicherstellen, dass sie auf die ethischen Komplexitäten zukünftiger KI-Entwicklungen und Arbeitsmodelle vorbereitet sind.

Zum Abschluss unserer Untersuchung des ethischen Managements an der Schnittstelle von KI und hybrider Arbeit wird deutlich, dass dieser Bereich nicht nur eine betriebliche Notwendigkeit, sondern ein grundlegender Aspekt der organisatorischen Integrität und Verantwortung ist. Die Integration von KI in hybride Arbeitsumgebungen stellt einzigartige Herausforderungen und Chancen dar und erfordert einen durchdachten Ansatz, um sicherzustellen, dass diese leistungsstarken Technologien auf ethische, faire und für alle vorteilhafte Weise eingesetzt werden.

Die entscheidende Rolle des ethischen Managements in diesem Zusammenhang besteht darin, die Komplexität der KI-Technologie zu bewältigen und gleichzeitig die Nuancen der auf den Menschen ausgerichteten Arbeitsumgebung zu respektieren. Es geht darum, die von der KI gebotenen Effizienz- und Produktivitätsgewinne mit dem Bedürfnis nach Privatsphäre, Fairness und Transparenz in Einklang zu bringen. Unternehmen müssen sorgfältig vorgehen, um sicherzustellen, dass die Vorteile der KI genutzt werden, ohne die ethischen Werte und das Vertrauen zu gefährden, die für eine gesunde Arbeitskultur unerlässlich sind.

Die Entwicklung eines umfassenden ethischen Rahmens, die Berücksichtigung von Überwachungs- und Kontrollaspekten, die Förderung von Gleichberechtigung und Inklusivität, die Sicherstellung einer verantwortungsvollen Entscheidungsfindung und die Vorbereitung auf künftige ethische Herausforderungen sind allesamt Facetten dieser komplexen Aufgabe. Die in diesem Kapitel erörterten Strategien und Überlegungen bieten einen Leitfaden für Organisationen, die die Integration von KI in hybride Arbeitsmodelle unter ethischen Gesichtspunkten angehen wollen.

Im letzten Kapitel liegt der Schwerpunkt auf Fallstudien zu KI-gestützten hybriden Arbeitsplätzen. Diese Beispiele aus der Praxis geben wertvolle Einblicke in die Art und Weise, wie Unternehmen die ethischen Komplexitäten von KI und hybrider Arbeit bewältigt haben. In den Fallstudien werden praktische Anwendungen,

Herausforderungen und Strategien zur Schaffung ethischer, effizienter und produktiver Arbeitsumgebungen vorgestellt. Diese Erzählungen dienen als Leitfaden für Unternehmen, die das Potenzial der KI in ihren hybriden Arbeitsumgebungen nutzen und dabei ethische Standards einhalten und eine Kultur des Vertrauens und der Integrität fördern wollen.

Kapitel 12: Fallstudien zu KI-unterstützten hybriden Arbeitsplätzen

In diesem Kapitel wird der Kontext für die Untersuchung von realen Beispielen der KI-Integration in hybriden Arbeitsumgebungen geschaffen. Diese Fallstudien sind entscheidend, um zu zeigen, wie theoretische Konzepte und Strategien rund um KI und hybride Arbeitsmodelle in realen Geschäftsszenarien angewendet werden. Sie bieten einen greifbaren Einblick in die Art und Weise, wie Unternehmen die Herausforderungen und Chancen von KI in verschiedenen Arbeitsumgebungen bewältigen.

In diesen Fallstudien erhalten wir Einblicke in die praktischen Aspekte der Integration von KI-Technologien in hybriden Arbeitsumgebungen. Diese Beispiele umfassen verschiedene Branchen und Unternehmensgrößen und zeigen die Vielseitigkeit und die weitreichenden Auswirkungen von KI. Die Fallstudien beleuchten nicht nur die technologischen Implementierungen, sondern auch die menschlichen, ethischen und betrieblichen Dimensionen der Einführung von KI in hybride Arbeitsmodelle.

Das Verständnis dieser realen Anwendungen ist entscheidend, um die praktischen Auswirkungen der in diesem Buch behandelten Konzepte zu verstehen. Sie liefern wertvolle Lektionen zur effektiven KI-Integration und gehen auf Herausforderungen wie ethische Überlegungen, Datenschutz, Mitarbeiterengagement und die Aufrechterhaltung der Unternehmenskultur in einer sich technologisch entwickelnden Landschaft ein.

Die Relevanz dieser Fallstudien liegt in ihrer Fähigkeit, erfolgreiche Strategien und häufige Fallstricke zu veranschaulichen und den Lesern ein nuanciertes Verständnis dafür zu vermitteln, was im Bereich der KI-gestützten hybriden Arbeitsplätze funktioniert und was nicht. Als solche dienen sie als Leitfaden für Unternehmen und Führungskräfte, die die Komplexität der Integration von KI in ihre Arbeitsmodelle bewältigen wollen, und bieten praktische Einblicke und umsetzbare Strategien für den Erfolg.

Das Kapitel über die Erfolgsgeschichten der KI-Integration stellt eine Vielzahl von Unternehmen vor, von denen jedes seinen eigenen Weg der Integration generativer KI in ihre hybriden Arbeitsmodelle gegangen ist. Diese Geschichten repräsentieren ein Spektrum von Branchen und verdeutlichen die Vielseitigkeit und die weitreichenden Anwendungen von KI in unterschiedlichen Geschäftskontexten.

Eine solche Geschichte betrifft eine führende Gesundheitsorganisation, die sich für die Verwaltung von Patientendaten und die Optimierung von Behandlungsplänen an KI wandte. Die Organisation stand zunächst vor der Herausforderung, riesige Datenmengen zu verwalten und den Datenschutz für die Patienten zu gewährleisten, und implementierte KI-Systeme, um die Datenanalyse zu automatisieren und prädiktive Erkenntnisse zu gewinnen. Das Ergebnis war nicht nur eine Verbesserung der Effizienz der Patientenversorgung, sondern auch eine erhöhte Datensicherheit und -genauigkeit.

Ein weiteres Beispiel stammt von einem Einzelhandelsriesen, der KI einsetzt, um sein Kundenerlebnis und sein Lieferkettenmanagement zu verbessern. Die Reise des Unternehmens begann mit der Herausforderung, komplexe Verbraucherverhaltensmuster zu verstehen und den Bestand zu optimieren. Durch den strategischen Einsatz von KI konnte das Unternehmen tiefere Einblicke in die Kundenpräferenzen gewinnen und seine Lieferkette rationalisieren, was zu einer höheren Kundenzufriedenheit und betrieblichen Effizienz führte.

Im Finanzsektor unterstreicht die Geschichte einer bekannten Bank die Rolle der KI bei der Risikobewertung und

Betrugserkennung. Anfänglich hatte die Bank mit dem Volumen der zu überprüfenden Transaktionen und dem Risiko von Finanzbetrug zu kämpfen und implementierte KI-Algorithmen, um Transaktionsmuster zu analysieren und Anomalien zu erkennen. Durch diese Integration wurden nicht nur die Sicherheitsmaßnahmen der Bank verbessert, sondern auch die betriebliche Effizienz und das Vertrauen der Kunden gestärkt.

Der Weg eines Technologieunternehmens zur KI-Integration zeigt, wie es KI für interne Abläufe nutzt, insbesondere für die Verwaltung dezentraler Teams und Projektabläufe. Angesichts der Herausforderung, eine verteilte Belegschaft zu koordinieren und die Produktivität aufrechtzuerhalten, nutzte das Unternehmen KI-Tools für Kommunikation, Aufgabenzuweisung und Fortschrittsverfolgung. Das Ergebnis war eine kohärentere Remote-Arbeitserfahrung und eine verbesserte Effizienz des Projektmanagements.

Diese Fallstudien zeigen ein breites Spektrum von Anwendungen und Ansätzen zur Integration von KI in hybride Arbeitsmodelle. Jede Geschichte bietet Einblicke in die anfänglichen Herausforderungen der Unternehmen, die strategischen Entscheidungen, die beim Einsatz von KI getroffen wurden, und die Ergebnisse dieser Integrationen. Die Vielfalt der vertretenen Branchen unterstreicht die Anpassungsfähigkeit von KI-Lösungen an unterschiedliche Geschäftsanforderungen und bietet anderen Unternehmen, die sich auf den Weg der KI-Integration machen, wertvolle Lehren und Anregungen.

Der Weg zur Integration von KI in hybride Arbeitsumgebungen ist oft mit einer Reihe von Hindernissen verbunden. Eine detaillierte Betrachtung der spezifischen Herausforderungen, auf die Unternehmen bei der KI-Integration stoßen, gibt Einblicke in die Anpassungsmaßnahmen und innovativen Lösungen, die eingesetzt werden, um diese Hürden erfolgreich zu meistern.

Eine häufige Herausforderung, mit der viele Unternehmen konfrontiert sind, ist der Widerstand gegen Veränderungen, insbesondere von Seiten der Mitarbeiter, die sich durch KI-

Technologien bedroht fühlen könnten. Dieser Widerstand rührt oft aus der Sorge um die Sicherheit des Arbeitsplatzes oder aus der Angst, sich an neue Arbeitsweisen anzupassen. Um dem entgegenzuwirken, haben die Unternehmen umfassende Kommunikationsstrategien eingeführt, die für Transparenz über den Zweck und die Vorteile der KI-Integration sorgen. Sie haben sich auch auf Umschulungs- und Umschulungsprogramme konzentriert, um den Mitarbeitern ihren Platz am KI-gestützten Arbeitsplatz zu verdeutlichen.

Ein weiteres großes Hindernis ist die technische Komplexität, die mit der Implementierung von KI-Systemen verbunden ist. Viele Unternehmen hatten anfangs Schwierigkeiten mit der Integration von KI in ihre bestehende IT-Infrastruktur. Um dies zu überwinden, suchten einige Partnerschaften mit KI-Technologieanbietern, um fachkundige Anleitung und Unterstützung zu erhalten, während andere in die Weiterbildung ihrer IT-Teams investierten, um die KI-Integration intern zu bewältigen. Die Zusammenarbeit zwischen IT-Abteilungen, KI-Anbietern und Endnutzern war entscheidend für die Anpassung dieser Systeme an die spezifischen Unternehmensanforderungen.

Auch der Datenschutz und die Datensicherheit stellten erhebliche Herausforderungen dar, insbesondere in Branchen, die mit sensiblen Informationen arbeiten. Die Unternehmen reagierten darauf, indem sie ihre Cybersicherheitsrahmen verstärkten und die Einhaltung der Datenschutzbestimmungen sicherstellten. Sie setzten fortschrittliche Verschlüsselung, regelmäßige Sicherheitsprüfungen und Mitarbeiterschulungen zum Thema Datenschutz ein, um sich vor möglichen Verstößen zu schützen.

In einigen Fällen hatten die Unternehmen Schwierigkeiten, ihre Mitarbeiter für den effektiven Einsatz von KI-Tools zu schulen. Um dem entgegenzuwirken, entwickelten sie maßgeschneiderte Schulungsprogramme, die eine Mischung aus Online-Kursen, Workshops und praktischen Lernerfahrungen enthielten. Einige richteten auch interne Unterstützungssysteme ein, wie z. B. KI-Helpdesks oder Peer-Learning-Gruppen, um die Mitarbeiter bei der Anpassung an neue Technologien zu unterstützen.

Die Aufrechterhaltung der Unternehmenskultur und des Mitarbeiterengagements in einem sich schnell entwickelnden KI-gesteuerten Umfeld war eine Herausforderung. Um ein Gefühl der Gemeinschaft und Zugehörigkeit zu bewahren, setzten Unternehmen Strategien wie virtuelle Teambuilding-Aktivitäten, regelmäßige Check-Ins und Plattformen ein, die die Zusammenarbeit und Kommunikation fördern.

Die Bewältigung der Implementierungsherausforderungen bei der KI-Integration erforderte eine Kombination aus strategischer Kommunikation, technischer Anpassung, Konzentration auf die Datensicherheit, umfassenden Schulungsprogrammen und Bemühungen um die Aufrechterhaltung der Organisationskultur. Die innovativen Lösungen und Anpassungsmaßnahmen dieser Unternehmen liefern wertvolle Erkenntnisse für die Bewältigung der Komplexität der KI-Integration in hybriden Arbeitsmodellen.

Die Integration von KI in hybriden Arbeitsplätzen hat zu bemerkenswerten Produktivitäts- und Effizienzsteigerungen geführt. Diese Gewinne sind ein Beweis für die Leistungsfähigkeit von KI bei der Rationalisierung von Prozessen, der Automatisierung von Routineaufgaben und der Bereitstellung von Erkenntnissen, die eine bessere Entscheidungsfindung ermöglichen. Anhand konkreter Beispiele von KI-Tools und -Systemen, die von verschiedenen Unternehmen eingesetzt werden, können wir die messbaren Vorteile erkennen, die sie gebracht haben.

Ein bemerkenswertes Beispiel stammt von einem Marketingunternehmen, das ein KI-gestütztes Analysetool eingeführt hat. Dieses System war in der Lage, große Mengen von Verbraucherdaten zu verarbeiten, um Erkenntnisse über Markttrends und Kundenpräferenzen zu gewinnen. Das Ergebnis war eine gezieltere Marketingstrategie, die zu einer stärkeren Kundenbindung und höheren Konversionsraten führte. Das Unternehmen meldete eine messbare Steigerung der Kampagneneffektivität und eine Verringerung des Zeitaufwands für die Datenanalyse.

In einem Fertigungsunternehmen hat die Einführung von KI für die vorausschauende Wartung die betriebliche Effizienz verändert. Das KI-System analysierte Daten von Maschinen, um potenzielle Ausfälle vorherzusagen, bevor sie eintraten, und ermöglichte so eine rechtzeitige Wartung. Dieser proaktive Ansatz führte zu einer erheblichen Verringerung der Ausfallzeiten und Wartungskosten, was sich direkt auf das Endergebnis des Unternehmens auswirkte.

Ein Finanzdienstleister setzte KI-gesteuerte Algorithmen zur Risikobewertung und Betrugserkennung ein. Diese Systeme waren in der Lage, Transaktionsmuster in Echtzeit zu analysieren und Anomalien zu erkennen, die auf betrügerische Aktivitäten hindeuten könnten. Durch die Einführung dieser Technologie wurde nicht nur die Sicherheit von Finanztransaktionen erhöht, sondern auch die Geschwindigkeit und Genauigkeit der Risikobewertung verbessert, was insgesamt zu einer höheren betrieblichen Effizienz beitrug.

Im Bereich Personalwesen setzte ein Unternehmen ein KI-gestütztes Rekrutierungstool ein, um seinen Einstellungsprozess zu optimieren. Das Tool nutzte Algorithmen des maschinellen Lernens, um Lebensläufe zu scannen, Kandidaten mit den Stellenanforderungen abzugleichen und die vielversprechendsten Bewerber zu identifizieren. Diese Automatisierung reduzierte den Zeit- und Ressourcenaufwand für das anfängliche Screening-Verfahren und ermöglichte es den Personalverantwortlichen, sich auf strategischere Aspekte der Personalbeschaffung zu konzentrieren. Das Unternehmen stellte einen schnelleren Einstellungsprozess und eine Verbesserung der Qualität der in die engere Wahl genommenen Bewerber fest.

Diese Beispiele zeigen, wie KI-Tools und -Systeme, wenn sie durchdacht in hybride Arbeitsmodelle integriert werden, zu erheblichen Produktivitäts- und Effizienzsteigerungen führen können. Zu den messbaren Vorteilen von KI in diesen Szenarien gehören eine höhere Genauigkeit und Geschwindigkeit bei der Datenverarbeitung, Kosteneinsparungen, ein verbessertes Risikomanagement und verbesserte betriebliche Prozesse. Sie verdeutlichen das Potenzial der KI, verschiedene Aspekte der Arbeit in unterschiedlichen Branchen zu verändern, und unterstreichen die Bedeutung der KI-Integration für den Geschäftserfolg am modernen Arbeitsplatz.

Die Auswirkungen von KI auf die Erfahrung und das Engagement von Mitarbeitern in hybriden Arbeitsumgebungen sind vielfältig und beeinflussen alles, von der Work-Life-Balance bis zur Arbeitszufriedenheit und Zusammenarbeit. Da Unternehmen KI in ihre Abläufe integrieren, ist es von entscheidender Bedeutung, ihre Auswirkungen auf die Belegschaft zu verstehen und zu steuern.

In vielen Fällen haben Mitarbeiter berichtet, dass sich KI-Tools positiv auf ihre Work-Life-Balance ausgewirkt haben. Die Automatisierung repetitiver Aufgaben durch KI hat Zeit freigesetzt, so dass sich die Mitarbeiter auf sinnvollere und interessantere Aspekte ihrer Arbeit konzentrieren können. Diese Verlagerung hat oft zu weniger Stress und einem besseren Gleichgewicht zwischen Arbeit und Privatleben geführt. Ein KI-gesteuertes Planungswerkzeug, das von einem Beratungsunternehmen eingesetzt wurde, ermöglichte es den Mitarbeitern beispielsweise, ihre Zeit besser zu verwalten, was zu mehr Flexibilität und Kontrolle über ihre Arbeitszeiten führte.

Die Arbeitszufriedenheit ist ein weiterer Bereich, in dem KI einen bemerkenswerten Einfluss hat. Mitarbeiter in mehreren Unternehmen haben sich positiv darüber geäußert, wie KI-Tools Arbeitsabläufe rationalisiert und ihre Arbeit einfacher und effizienter gemacht haben. KI-gesteuerte Analysetools haben den Mitarbeitern zum Beispiel wertvolle Erkenntnisse geliefert, die ihre Entscheidungsfähigkeit und die allgemeine Effektivität in ihrer Rolle verbessert haben.

Die Einführung von KI hat auch Herausforderungen mit sich gebracht. In einigen Fällen haben Mitarbeiter Bedenken geäußert, dass KI menschliche Arbeitsplätze ersetzen könnte, was zu Ängsten und Unsicherheit geführt hat. Unternehmen sind auf diese Bedenken eingegangen, indem sie eine transparente

Kommunikation über die Rolle der KI sichergestellt und betont haben, dass KI ein Werkzeug ist, das menschliche Arbeitskräfte unterstützt und nicht ersetzt.

Die Zusammenarbeit ist ein weiterer Bereich, in dem KI einen erheblichen Einfluss hat. KI-gestützte Kollaborationstools haben eine bessere Kommunikation und Teamarbeit ermöglicht, was besonders in hybriden Arbeitsumgebungen wichtig ist, in denen die Teammitglieder nicht immer am selben Ort sind. Rückmeldungen von Mitarbeitern in verschiedenen Unternehmen zeigen, dass diese Tools das Projektmanagement und die Interaktion im Team vereinfacht und die Zusammenarbeit insgesamt verbessert haben.

Trotz dieser Vorteile ist es wichtig, etwaige negative Auswirkungen von KI auf die Erfahrungen der Mitarbeiter zu erkennen und anzugehen. Regelmäßige Feedback-Kanäle, wie z. B. Umfragen und Fokusgruppen, sind für Unternehmen von entscheidender Bedeutung, um die Perspektive ihrer Mitarbeiter auf die KI-Integration zu verstehen. Anhand dieses Feedbacks können Anpassungen bei der KI-Implementierung vorgenommen werden, um sicherzustellen, dass sie einen positiven Beitrag zur Mitarbeitererfahrung leistet.

Die Auswirkungen von KI auf die Erfahrung und das Engagement von Mitarbeitern in hybriden Arbeitsumgebungen sind erheblich. Während sie die Work-Life-Balance, die Arbeitszufriedenheit und die Zusammenarbeit für viele verbessert hat, ist es auch wichtig, alle auftretenden Herausforderungen oder Bedenken kontinuierlich zu überwachen und anzugehen. Auf diese Weise können Unternehmen sicherstellen, dass die KI-Integration positiv zum Gesamterlebnis der Mitarbeiter beiträgt.

Die Erfolgsgeschichten und Herausforderungen der vorgestellten Unternehmen bei der Integration von KI in hybride Arbeitsumgebungen bieten eine Fülle von verwertbaren Erkenntnissen. Diese Erfahrungen gipfeln in einer Zusammenstellung von Best Practices, die anderen Unternehmen als Wegweiser für die effektive Nutzung von KI in ähnlichen Umgebungen dienen können.

Eine wichtige Erkenntnis aus diesen Fallstudien ist, wie wichtig es ist, die KI-Integration auf spezifische Geschäftsziele und Mitarbeiterbedürfnisse abzustimmen. Erfolgreiche Unternehmen haben gezeigt, dass die KI-Implementierung dann am effektivsten ist, wenn sie direkt auf identifizierbare Herausforderungen oder Chancen im Unternehmen abzielt. In Fällen, in denen KI zur Verbesserung des Kundendienstes eingesetzt wurde, konnte beispielsweise ein klarer Zusammenhang zwischen dem Einsatz von KI-Tools und der Verbesserung der Kundenzufriedenheit festgestellt werden.

Eine weitere wichtige Erkenntnis ist die Notwendigkeit einer gründlichen Planung und schrittweisen Umsetzung. Unternehmen, die sich bei der KI-Integration hervorgetan haben, haben den Prozess in der Regel nicht überstürzt. Stattdessen nahmen sie sich die Zeit, verschiedene Tools zu testen, das Feedback der Mitarbeiter einzuholen und iterative Verbesserungen vorzunehmen. Dieser Ansatz ermöglichte einen reibungsloseren Übergang und eine größere Akzeptanz von KI innerhalb des Unternehmens. Auch die Einbeziehung der Mitarbeiter und Schulungen haben sich als wichtige Best Practices erwiesen. Unternehmen, die ihre Mitarbeiter aktiv in den KI-Integrationsprozess einbeziehen, insbesondere durch Schulungs- und Entwicklungsprogramme, konnten ein höheres Maß an Engagement und eine reibungslosere Einführung von KI-Tools feststellen. Mitarbeiter, die verstehen, wie KI sie bei ihrer Arbeit unterstützen kann, sind eher bereit, diese Technologien anzunehmen.

Die Gewährleistung von Transparenz und offener Kommunikation ist ein weiterer Schlüsselfaktor für eine erfolgreiche KI-Integration. Unternehmen, die den Zweck, die Fähigkeiten und die Grenzen von KI-Technologien transparent darlegen, fördern das Vertrauen und die Zusammenarbeit ihrer Mitarbeiter. Eine klare Kommunikation darüber, wie sich KI auf Arbeitsprozesse auswirken würde, und das Eingehen auf

Bedenken hinsichtlich der Arbeitsplatzsicherheit waren entscheidend, um Ängste und Widerstände abzubauen.

Die Berücksichtigung ethischer Überlegungen und die Gewährleistung des Datenschutzes waren ebenfalls von zentraler Bedeutung. Die Unternehmen mit den besten Praktiken haben die ethischen Auswirkungen der KI sorgfältig berücksichtigt, insbesondere im Hinblick auf die Datennutzung und den Datenschutz der Mitarbeiter. Sie setzten robuste Data-Governance-Richtlinien um und unternahmen Schritte, um sicherzustellen, dass KI-Anwendungen frei von Vorurteilen und Diskriminierung sind.

Die Bedeutung einer kontinuierlichen Bewertung und Flexibilität von KI-Strategien war ein wiederkehrendes Thema. Erfolgreiche Unternehmen überprüften kontinuierlich die Effektivität ihrer KI-Tools und waren offen für Anpassungen auf der Grundlage sich ändernder Geschäftsanforderungen und technologischer Fortschritte.
Die Erfahrungen dieser Unternehmen zeigen mehrere Best Practices für die Integration von KI in hybride Arbeitsumgebungen auf. Dazu gehören die Abstimmung von KI mit den Unternehmenszielen, eine sorgfältige Planung und schrittweise Umsetzung, die Einbindung und Schulung der Mitarbeiter, Transparenz und offene Kommunikation, ethische Überlegungen und Datenschutz sowie laufende Evaluierung und Anpassungsfähigkeit. Diese Erkenntnisse bieten wertvolle Anhaltspunkte für jedes Unternehmen, das die Vorteile von KI in einer hybriden Arbeitsumgebung nutzen möchte.

Die langfristige Nachhaltigkeit von KI-gestützten hybriden Arbeitsmodellen ist ein entscheidender Aspekt der Integrationsreise, wie die vorgestellten Fallstudien zeigen. Diese Unternehmen passten KI nicht nur an die aktuellen Bedürfnisse an, sondern überlegten auch, wie diese Technologien ihr Wachstum und ihre Entwicklung in der Zukunft unterstützen könnten.

Ein gemeinsames Thema dieser Fallstudien ist die Erkenntnis, dass die Integration von KI kein einmaliges Ereignis, sondern ein fortlaufender Prozess ist. Daher haben diese Unternehmen Strategien entwickelt, um ihre KI-Systeme kontinuierlich zu aktualisieren und zu verbessern. Dieser Ansatz stellt sicher, dass ihre KI-Lösungen angesichts der sich verändernden Geschäftslandschaft und des technologischen Fortschritts relevant und effektiv bleiben.

Viele dieser Unternehmen sehen in der KI einen wichtigen Motor für künftiges Wachstum. Sie planen, ihre KI-Fähigkeiten durch die Erforschung neuer Anwendungen und Technologien zu erweitern. Ein Unternehmen, das KI zunächst für die Analyse des Kundendienstes eingesetzt hat, untersucht nun KI-gesteuerte Personalisierungsstrategien, um die Kundenerfahrung weiter zu verbessern. Diese Art der Erweiterung zeigt das Engagement, KI für kontinuierliche Innovation und Verbesserung zu nutzen. Ein weiterer Aspekt der langfristigen Nachhaltigkeit ist die Konzentration auf skalierbare KI-Lösungen. Wenn diese Unternehmen wachsen, müssen ihre KI-Systeme steigende Datenmengen, komplexere Arbeitsabläufe und eine wachsende Benutzerbasis bewältigen. Investitionen in eine skalierbare KI-Infrastruktur und flexible Plattformen haben für diese Unternehmen Priorität, um sicherzustellen, dass ihre KI-Funktionen mit dem Unternehmen wachsen können.

Die Entwicklung der Mitarbeiterfähigkeiten im Bereich KI ist ebenfalls ein Schlüsselfaktor für die langfristige Nachhaltigkeit. Da diese Unternehmen erkannt haben, dass KI in künftigen Arbeitsprozessen eine immer wichtigere Rolle spielen wird, setzen sie auf kontinuierliche Schulungs- und Entwicklungsprogramme. Dieser Fokus auf die Weiterbildung stellt sicher, dass die Mitarbeiter weiterhin mit KI-Tools vertraut sind und zu den sich entwickelnden KI-Strategien des Unternehmens beitragen können.

Diese Organisationen sind sich der ethischen Implikationen von KI bewusst, während sie für die Zukunft planen. Sie arbeiten aktiv an der Entwicklung und Aktualisierung ihrer ethischen Richtlinien und Governance-Strukturen, um sicherzustellen, dass ihre KI-Praktiken verantwortungsbewusst bleiben und mit ihren Grundwerten übereinstimmen.

Die langfristige Nachhaltigkeit und das Wachstum von KI-gestützten hybriden Arbeitsmodellen in diesen Organisationen hängen von kontinuierlicher Innovation, skalierbaren Lösungen, kontinuierlicher Mitarbeiterentwicklung und einer starken ethischen Grundlage ab. Indem sie sich auf diese Bereiche konzentrieren, sind diese Unternehmen gut aufgestellt, um die Vorteile der KI jetzt und in Zukunft zu nutzen und sicherzustellen, dass ihre KI-Integration nachhaltig und effektiv bleibt und mit ihren sich entwickelnden Geschäftszielen übereinstimmt.

Es wurden mehrere wichtige Erkenntnisse gewonnen, die ein Bild der potenziellen zukünftigen Landschaft von Arbeitsumgebungen zeichnen und uns die Möglichkeit geben, über den Weg der Integration generativer KI in hybride Modelle nachzudenken.

Ein zentrales Thema dieser Fallstudien ist die transformative Kraft der KI bei der Verbesserung von Produktivität, Effizienz und Entscheidungsfindung am Arbeitsplatz. Unternehmen aus verschiedenen Branchen haben KI erfolgreich eingesetzt, um Prozesse zu rationalisieren, Erkenntnisse zu gewinnen und effektivere Arbeitsweisen zu ermöglichen. Die positive Auswirkung auf die betrieblichen Ergebnisse und die Erfahrungen der Mitarbeiter unterstreicht das Potenzial von KI als wichtiges Instrument in modernen Unternehmenslandschaften. Eine weitere wichtige Erkenntnis ist die Bedeutung eines durchdachten und strategischen Ansatzes für die KI-Integration. Erfolgreiche Unternehmen haben gezeigt, dass eine sorgfältige Planung, die Einbeziehung der Mitarbeiter, ethische Überlegungen und Anpassungsfähigkeit wesentliche Bestandteile dieses Prozesses sind. Diese Elemente gewährleisten nicht nur einen reibungslosen Übergang zu KI-gestützten Abläufen, sondern fördern auch eine Kultur der Innovation und des kontinuierlichen Lernens.

Die Fallstudien verdeutlichen auch die sich entwickelnden Arbeitsmodelle und die wachsende Bedeutung der KI bei der Gestaltung dieser Modelle. Da die KI weiter voranschreitet, wird ihre Rolle in hybriden Arbeitsplätzen wahrscheinlich zunehmen und noch ausgefeiltere Werkzeuge für Zusammenarbeit, Automatisierung und Datenanalyse bieten. Diese Entwicklung deutet auf eine Zukunft hin, in der KI tief in die Struktur der Arbeit eingebettet ist und sowohl die Effizienz als auch neue Arbeitsweisen fördert.

Wenn man über die Integration generativer KI in hybride Arbeitsmodelle nachdenkt, wird deutlich, dass es sich dabei um einen fortlaufenden Prozess handelt, der von den Unternehmen verlangt, flexibel zu bleiben und auf technologische Fortschritte und die sich verändernde Dynamik am Arbeitsplatz zu reagieren. Die Notwendigkeit regelmäßiger Evaluierungen, Aktualisierungen von KI-Systemen und kontinuierlicher Mitarbeiterschulungen wird mit der Weiterentwicklung von KI-Technologien und -Anwendungen entscheidend bleiben.

Die Fallstudien geben wertvolle Einblicke in das Potenzial und die Herausforderungen von KI-gestützten hybriden Arbeitsumgebungen. Sie veranschaulichen eine Zukunft, in der KI eine zentrale Rolle bei der Förderung des Geschäftserfolgs und der Gestaltung von Arbeitsumgebungen spielt. Für Unternehmen, die sich auf diese Reise begeben, bieten die Lektionen aus diesen Fallstudien eine Anleitung und Inspiration, um die Komplexität der KI-Integration zu bewältigen und sicherzustellen, dass ihr Ansatz strategisch und ethisch ist und mit ihren langfristigen Zielen übereinstimmt.

Kapitel 13: Schlussfolgerung

Zum Abschluss von "The Future of Work Now" ist es wichtig, über die Reise nachzudenken, die wir unternommen haben, um die tiefgreifenden Veränderungen am Arbeitsplatz zu erkunden. Dieses Buch hat die komplizierte Landschaft erkundet, in der sich generative KI mit dem aufkommenden Trend zu hybriden Arbeitsmodellen überschneidet, und die wichtigsten Themen und Erkenntnisse beleuchtet, die die Zukunft der Arbeit prägen.

Von Anfang an haben wir uns mit dem Bereich der generativen KI auseinandergesetzt und ihre Definition, Entwicklung und vielfältigen Auswirkungen auf die Arbeitsplatzkultur enträtselt. Wir erkannten, dass KI nicht nur ein Werkzeug, sondern eine transformative Kraft ist, die Berufsrollen umgestaltet, neue Fähigkeiten erfordert und uns herausfordert, traditionelle Arbeitsmethoden zu überdenken. Die ethischen Überlegungen im Zusammenhang mit KI, insbesondere die Verzerrungen in Algorithmen und das Gleichgewicht zwischen KI-Entscheidungen und menschlicher Intuition, erwiesen sich als wichtige Themen und unterstrichen die Notwendigkeit einer verantwortungsvollen und durchdachten Integration von Technologie in unser Arbeitsleben.

Parallel zur Geschichte der künstlichen Intelligenz haben wir die zunehmende Verbreitung hybrider Arbeitsmodelle untersucht. Dieser Wandel, der durch globale Ereignisse und technologische Fortschritte beschleunigt wurde, hat das Konzept des Arbeitsplatzes neu definiert. Wir analysierten, wie hybride Modelle die Flexibilität der Fernarbeit mit der Struktur traditioneller Büroumgebungen verbinden, und gaben Einblicke in die Vorteile und Herausforderungen solcher Arrangements. Die Rolle der Technologie bei der Erleichterung einer effektiven Remote-Zusammenarbeit, die Feinheiten bei der Verwaltung von Remote-Teams und die Bedeutung der Aufrechterhaltung der Unternehmenskultur und des Engagements der Mitarbeiter in einem hybriden Umfeld waren die Hauptschwerpunkte.

Die Reise durch diese Seiten war eine Chronik des Wandels, der Innovation und der Anpassung. Wir haben erlebt, wie das Aufkommen der generativen KI mit dem Wandel hin zu hybriden Arbeitsmodellen einherging und eine neue Dynamik in der Berufswelt geschaffen hat. Diese Konvergenz hat Chancen für mehr Effizienz, Kreativität und Flexibilität mit sich gebracht, aber auch Herausforderungen, die eine sorgfältige Navigation erfordern.

Wenn man über diese Themen nachdenkt, wird deutlich, dass sich die Arbeitslandschaft erheblich verändert hat. Die Verschmelzung von KI und hybriden Arbeitsmodellen ist nicht nur ein vorübergehendes Phänomen, sondern ein Blick in die Zukunft der Arbeit - eine Zukunft, die von uns allen Agilität, kontinuierliches Lernen und einen ethischen Ansatz verlangt. Auf unserem Weg in die Zukunft können uns die Erkenntnisse aus diesem Buch als Wegweiser dienen und uns helfen, diese sich ständig weiterentwickelnde Landschaft zu navigieren und zu gestalten.

In "The Future of Work Now" lag ein wesentlicher Schwerpunkt auf der harmonischen Integration von generativer KI in die sich entwickelnde Struktur hybrider Arbeitskulturen. Diese Synthese aus Technologie und Flexibilität war ein Eckpfeiler unserer Untersuchung, der transformative Auswirkungen auf den Arbeitsplatz erkennen ließ. Bei einer erneuten Betrachtung dieser Integration sehen wir eine Landschaft, in der KI nicht nur mit dem hybriden Arbeitsmodell koexistiert, sondern es aktiv bereichert, was zu einer tiefgreifenden Umgestaltung von Jobrollen, Qualifikationsanforderungen und der allgemeinen Arbeitsplatzdynamik führt.

Der Einzug der generativen KI in hybride Arbeitsumgebungen war ein Katalysator für Veränderungen. Traditionelle Berufsrollen wurden neu definiert, wobei KI Routineaufgaben übernahm und den Mitarbeitern Möglichkeiten eröffnete, komplexere, kreative Arbeit zu leisten. Dieser Wandel ist nicht ohne Herausforderungen, denn er macht eine Neubewertung der Qualifikationen erforderlich. Die Arbeitskräfte von heute und morgen müssen über KI-Kenntnisse verfügen, und zwar nicht nur in Bezug auf die Arbeit mit KI, sondern auch in Bezug auf die

Nutzung ihrer Fähigkeiten zur Steigerung von Produktivität und Innovation.

Die Integration von KI in hybride Modelle hat der Remote-Zusammenarbeit eine neue Dimension verliehen. KI-gesteuerte Tools haben Lücken überbrückt und dafür gesorgt, dass Kommunikation und Zusammenarbeit an entfernten Standorten genauso effektiv sind wie in physischen Büroräumen. Diese Tools haben ein bisher nicht gekanntes Maß an Flexibilität ermöglicht, das es den Mitarbeitern erlaubt, so zu arbeiten, wie es ihren individuellen Bedürfnissen am besten entspricht, während sie gleichzeitig als Team verbunden bleiben und zusammenhalten.

Diese Integration hat auch zu einer neuen Dynamik am Arbeitsplatz geführt. Die Führungsstile mussten sich anpassen, um Teams in einer Umgebung, die gleichzeitig dezentral und KI-gestützt ist, effektiv zu führen. Die Rolle der Manager hat sich von der Überwachung von Aufgaben hin zur Förderung eines Umfelds entwickelt, in dem KI-Tools für alle Teammitglieder zugänglich sind und effektiv genutzt werden. Diese Entwicklung hat die Bedeutung von kontinuierlichem Lernen und Anpassungsfähigkeit unterstrichen, nicht nur für Mitarbeiter, sondern auch für Führungskräfte.

Die Synthese von generativer KI mit hybriden Arbeitsmodellen war eine Reise der Anpassung, des Lernens und des Wachstums. Diese Integration hat die Art und Weise, wie wir arbeiten, grundlegend verändert. Sie erfordert neue Fähigkeiten, fördert neue Formen der Zusammenarbeit und eine Kultur der Innovation und Flexibilität. Wenn wir in die Zukunft blicken, verspricht diese Synthese einen dynamischeren, effizienteren und integrativeren Arbeitsplatz, der durch die kombinierten Kräfte des technologischen Fortschritts und des menschlichen Wunsches nach Flexibilität und Verbindung geprägt ist.

Wenn wir über die Zukunft der Arbeit nachdenken, wird deutlich, dass sich die Landschaft aufgrund des unaufhaltsamen technologischen Fortschritts und der sich verändernden Arbeitsmethoden weiter verändern wird. In "The Future of Work

Now" haben wir uns mit dem aktuellen Stand dieser Landschaft befasst, aber der Blick in die Zukunft zeigt, dass es am Horizont vor Möglichkeiten und Herausforderungen nur so wimmelt, die die globale Arbeitswelt wahrscheinlich auf tiefgreifende Weise verändern werden.

Es wird erwartet, dass die Integration von KI in die Arbeitswelt weiter zunehmen wird, wobei die generative KI immer ausgefeilter und allgegenwärtiger wird. Wir erwarten eine Zukunft, in der die Rolle der KI über die Automatisierung von Aufgaben hinausgeht und komplexere Funktionen wie Entscheidungsunterstützung, vorausschauende Analysen und sogar die Verbesserung kreativer Prozesse umfasst. Diese Entwicklung wird wahrscheinlich ein noch höheres Maß an KI-Kenntnissen in allen Berufszweigen erfordern, was kontinuierliches Lernen und Anpassungsfähigkeit zu wesentlichen Fähigkeiten der Arbeitskräfte macht.

Es wird erwartet, dass hybride Arbeitsmodelle, die sich deutlich durchgesetzt haben, eher zum Standard als zur Ausnahme werden. In Zukunft könnten diese Modelle noch fließender und individueller werden, wobei die Unternehmen noch mehr Flexibilität bieten, um die unterschiedlichen Bedürfnisse und Vorlieben ihrer Mitarbeiter zu erfüllen. Dieser Wandel wird wahrscheinlich die Grenzen zwischen privaten und beruflichen Bereichen weiter verwischen und wichtige Fragen zur Work-Life-Balance, zur psychischen Gesundheit und zu den sozialen Aspekten der Arbeit aufwerfen.

Die sich abzeichnenden Trends deuten darauf hin, dass die Zukunft der Arbeit auch durch eine stärkere Betonung des Wohlbefindens und der psychischen Gesundheit der Mitarbeiter gekennzeichnet sein wird. Da die Unterscheidung zwischen Büro- und Privatleben immer feiner wird, könnten Unternehmen mehr in Initiativen investieren, die eine gesunde Work-Life-Balance unterstützen, da sie wissen, dass sich das Wohlbefinden der Mitarbeiter direkt auf Produktivität und Innovation auswirkt.

Ein weiterer wichtiger Trend ist die zunehmende Bedeutung von ethischen Überlegungen und nachhaltigen Praktiken am Arbeitsplatz. Mit der zunehmenden Integration von KI in Arbeitsprozesse werden der ethische Einsatz von Technologie, der Datenschutz und Fairness zu wichtigen Anliegen. Ebenso könnte sich Nachhaltigkeit als Schlüsselfaktor für Arbeitspraktiken und -richtlinien herausstellen, wobei Unternehmen versuchen, ein Gleichgewicht zwischen Rentabilität und sozialer und ökologischer Verantwortung herzustellen.

Im Bereich der globalen Belegschaftsdynamik ist mit einer weiteren Zunahme der Vielfalt und der kulturübergreifenden Zusammenarbeit zu rechnen, die durch hybride Arbeitsmodelle und KI-gesteuerte Kommunikationsmittel erleichtert wird. Dieser Wandel wird wahrscheinlich neue Perspektiven und Innovationen mit sich bringen, aber auch ein tieferes Verständnis und eine größere Wertschätzung für kulturelle Unterschiede und integrative Praktiken erfordern.

Die Zukunft der Arbeit scheint ein Mosaik aus Technologie, Flexibilität und menschenzentrierten Werten zu sein. Auf dem Weg in die Zukunft ist es für Unternehmen, Führungskräfte und Mitarbeiter entscheidend, beweglich, lernbereit und ethisch verankert zu bleiben. Indem sie sich diese Prinzipien zu eigen machen, kann die globale Belegschaft die Herausforderungen und Chancen dieser sich entwickelnden Landschaft meistern und das volle Potenzial von KI und hybriden Arbeitsmodellen nutzen, um eine effizientere, integrativere und erfüllendere Arbeitsumgebung zu schaffen.

An der Schwelle zu einer neuen Ära der Arbeit ist es wichtig zu erkennen, dass der vor uns liegende Weg sowohl mit Herausforderungen als auch mit Chancen gesäumt ist. Die künftige Arbeitslandschaft, die durch generative KI und hybride Modelle geprägt ist, stellt Unternehmen und Mitarbeiter vor einzigartige Herausforderungen.

Mögliche Herausforderungen

Navigieren durch technologische Unterbrechungen: Eine der größten Herausforderungen wird darin bestehen, mit dem raschen technologischen Wandel Schritt zu halten. Unternehmen werden ihre Strategien und Abläufe kontinuierlich anpassen müssen, während die Mitarbeiter sich lebenslang weiterbilden müssen, um in ihren Bereichen relevant zu bleiben.

Aufrechterhaltung der menschlichen Beziehung: In einer Welt, die sich stark auf digitale Interaktion stützt, könnte die Aufrechterhaltung echter menschlicher Beziehungen und einer Arbeitsplatzkultur zu einer zunehmenden Herausforderung werden. Unternehmen werden innovative Wege finden müssen, um den Teamgeist und das Zugehörigkeitsgefühl zu fördern, insbesondere in hybriden oder vollständig entfernten Umgebungen.

Ethische und datenschutzrechtliche Belange: Mit der zunehmenden Integration von KI in den Arbeitsalltag werden Fragen des Datenschutzes, der Überwachung und der ethischen Nutzung von KI an Bedeutung gewinnen. Die Unternehmen müssen robuste Rahmenwerke entwickeln, um diese Bedenken auszuräumen.

Ungleichheit und Zugang: Die digitale Kluft könnte sich vergrößern, da einige Arbeitnehmer nur begrenzten Zugang zu den neuesten Technologien haben oder mit dem Übergang zu KI-gestützten Umgebungen zu kämpfen haben. Diese Kluft könnte zu Ungleichheiten bei Chancen und beruflichem Aufstieg führen.

Chancen für Wachstum und Innovation

Gesteigerte Produktivität und Effizienz: KI und Automatisierung bieten nie dagewesene Möglichkeiten zur Steigerung von Produktivität und Effizienz. Unternehmen, die diese Technologien effektiv integrieren, können in diesen Bereichen erhebliche Gewinne erwarten.

Flexibilität am Arbeitsplatz und globaler Zugang zu Talenten: Hybride Modelle bieten die Möglichkeit, auf einen globalen

Talentpool zuzugreifen, der nicht an geografische Beschränkungen gebunden ist. Diese Flexibilität kann zu einer vielfältigeren, qualifizierteren und innovativeren Belegschaft führen.

Schaffung neuer Arbeitsplätze und Rollen: KI wird auch zur Schaffung neuer Berufsrollen und Branchen führen, insbesondere in Bereichen wie KI-Management, Ethik und Datensicherheit. Diese neu entstehenden Bereiche bieten erhebliche Chancen für berufliches Wachstum und Entwicklung.

Fortschritte beim Wohlbefinden der Mitarbeiter: Der Fokus auf Work-Life-Balance und psychische Gesundheit, der durch die Verlagerung auf hybride Arbeitsformen beschleunigt wird, bietet die Möglichkeit, ein förderlicheres und humaneres Arbeitsumfeld zu schaffen.

Der Weg, der vor uns liegt, ist zwar voller Herausforderungen, aber auch voller Chancen für diejenigen, die bereit sind, sich anzupassen, zu innovieren und zu wachsen. Unternehmen und Mitarbeiter, die dieser neuen Ära aufgeschlossen gegenüberstehen und bereit sind, zu lernen und sich weiterzuentwickeln, werden am besten in der Lage sein, in der Zukunft der Arbeit zu gedeihen.

In der sich entwickelnden Arbeitslandschaft, die von generativer KI und hybriden Modellen geprägt ist, wird die Bedeutung ethischer Überlegungen und verantwortungsvoller Führung immer deutlicher. In der Zukunft der Arbeit werden diese Faktoren entscheidend sein, um Organisationen zum Erfolg zu führen und gleichzeitig Integrität und Vertrauen zu bewahren.

Die Integration von KI in die Arbeitswelt bringt eine Reihe von ethischen Herausforderungen mit sich. Von Fragen des Datenschutzes bis hin zu potenziellen Verzerrungen in KI-Algorithmen ist das ethische Management eine wichtige Säule bei der Bewältigung dieser komplexen Probleme. Unternehmen müssen unbedingt umfassende ethische Rahmenwerke entwickeln, die nicht nur die technischen Aspekte der KI, sondern auch ihre breiteren Auswirkungen auf Mitarbeiter, Kunden und die Gesellschaft umfassen.

Transparenz und Rechenschaftspflicht bei KI-Operationen und Entscheidungsprozessen sind entscheidend. Ethisches Management setzt voraus, dass Klarheit über die Funktionsweise von KI-Systemen herrscht und Rechenschaft über ihre Ergebnisse abgelegt wird. Dieses Maß an Offenheit ist entscheidend für den Aufbau und die Aufrechterhaltung von Vertrauen zwischen allen beteiligten Akteuren.

Führungskräfte am Arbeitsplatz der Zukunft müssen inmitten des raschen technologischen Wandels eine klare Vision und Richtung vorgeben. Sie müssen Visionäre sein und die Auswirkungen des technologischen Fortschritts und der sich entwickelnden Arbeitsmodelle auf ihr Unternehmen und ihre Branche vorhersehen. Verantwortungsvolle Führung bedeutet, eine Unternehmenskultur zu fördern, die ethische Werte in den Vordergrund stellt und praktiziert. Dies bedeutet, mit gutem Beispiel voranzugehen, offene Diskussionen über ethische Belange zu fördern und ethische Erwägungen in die organisatorische Entscheidungsfindung einzubeziehen.

Die Befähigung und Unterstützung von Teams ist ein wichtiger Aspekt der Führung, insbesondere in hybriden Arbeitsumgebungen. Führungskräfte müssen sicherstellen, dass alle Teammitglieder, unabhängig von ihrem Arbeitsort, die gleichen Entwicklungsmöglichkeiten haben und aktiv in die Zusammenarbeit einbezogen werden. Anpassungsfähigkeit ist eine weitere Schlüsseleigenschaft verantwortungsbewusster Führung: Sie muss offen sein für die Veränderung von Strategien und Methoden als Reaktion auf neue ethische Herausforderungen und neue Erkenntnisse. Auf dem Weg in die Zukunft der Arbeit wird die Bedeutung von ethischem Management und verantwortungsvoller Führung immer größer. Diese Elemente sind unerlässlich, um die Feinheiten von KI und hybriden Arbeitsumgebungen zu bewältigen. Sie stellen sicher, dass Unternehmen in diesen sich wandelnden Zeiten nicht nur florieren, sondern auch einen positiven Beitrag zur gesellschaftlichen Landschaft leisten.

In der sich dynamisch entwickelnden Arbeitswelt, die von raschen Fortschritten in der generativen KI und der weit verbreiteten Einführung hybrider Modelle geprägt ist, erweisen sich Anpassungsfähigkeit und kontinuierliches Lernen als unverzichtbar, um erfolgreich zu sein. Mit Blick auf die Zukunft sind diese Eigenschaften nicht nur vorteilhaft, sondern auch notwendig für Einzelpersonen und Organisationen, die die sich verändernden Gezeiten der Berufswelt erfolgreich meistern wollen.

Anpassungsfähigkeit geht in diesem Zusammenhang über die Fähigkeit hinaus, mit Veränderungen umzugehen; sie beinhaltet einen proaktiven Ansatz, um neue Technologien, Arbeitspraktiken und wechselnde Paradigmen am Arbeitsplatz anzunehmen. Für den Einzelnen bedeutet dies, offen für neue Ideen zu sein, bereit zu sein, etwas zu verlernen und neu zu lernen, und angesichts sich verändernder Arbeitsanforderungen und Arbeitsumgebungen flexibel zu sein. Für Unternehmen bedeutet Anpassungsfähigkeit, eine flexible und reaktionsfähige Kultur zu schaffen, die schnell neue Technologien und Methoden übernimmt und ihre Strategien auf die sich verändernden Bedürfnisse des Marktes und der Belegschaft abstimmen kann.

Kontinuierliches Lernen ist der Grundstein für diese Anpassungsfähigkeit. In einer Welt, in der die Halbwertszeit von Fähigkeiten rapide abnimmt, sind ständige Weiterbildung und Kompetenzentwicklung von entscheidender Bedeutung. Der Einzelne muss sein Lernen selbst in die Hand nehmen, nach Möglichkeiten zur beruflichen Weiterentwicklung suchen und sich über neue Trends und Technologien in seinem Bereich auf dem Laufenden halten. Unternehmen spielen eine entscheidende Rolle bei der Förderung dieses Lernumfelds. Dies kann erreicht werden, indem man Zugang zu Schulungs- und Entwicklungsprogrammen bietet, den Wissensaustausch und die Zusammenarbeit fördert und eine Kultur schafft, in der Neugier und Innovation geschätzt und belohnt werden.

Die Förderung einer Mentalität des ständigen Lernens und der Anpassungsfähigkeit erfordert ein unterstützendes Ökosystem. Dazu gehören eine Führung, die sich für Lernen und Wachstum einsetzt, eine Politik, die Zeit und Ressourcen für die Entwicklung von Fähigkeiten bereitstellt, und ein Arbeitsumfeld, das Experimente und das Lernen aus Fehlern fördert. Bei der Anleitung von Einzelpersonen und Organisationen zur Kultivierung dieser Qualitäten ist es wichtig, die Vorteile hervorzuheben, die über den unmittelbaren beruflichen Gewinn hinausgehen. Anpassungsfähigkeit und kontinuierliches Lernen tragen zu langfristiger beruflicher Belastbarkeit, persönlicher Erfüllung und organisatorischer Nachhaltigkeit bei. Sie sind der Schlüssel, um in der zukünftigen Arbeitswelt, in der der Wandel die einzige Konstante ist, nicht nur zu überleben, sondern zu gedeihen.

Zum Abschluss von "The Future of Work Now" ist es wichtig, über die Reise nachzudenken, die wir auf den Seiten dieses Buches gemeinsam unternommen haben. Wir haben die riesige und komplexe Landschaft eines Arbeitsplatzes erkundet, der durch generative KI und hybride Arbeitsmodelle umgestaltet wird, und die damit verbundenen Herausforderungen und Chancen aufgedeckt. Bei dieser Erkundung ging es nicht nur darum, diese Veränderungen zu verstehen, sondern auch darum, die Rolle zu erkennen, die jeder von uns bei der Gestaltung der Zukunft der Arbeit spielt.

Alle Beteiligten, von Unternehmensleitern und politischen Entscheidungsträgern bis hin zu Arbeitnehmern und Pädagogen, müssen in dieser sich entwickelnden Geschichte eine entscheidende Rolle spielen. Führungskräfte und Manager haben die Aufgabe, ihre Unternehmen durch unbekannte Gebiete zu führen, technologische Fortschritte mit ethischen Erwägungen in Einklang zu bringen und Kulturen zu fördern, die Anpassungsfähigkeit und kontinuierliches Lernen schätzen. Die Mitarbeiter wiederum müssen sich eine Mentalität des lebenslangen Lernens zu eigen machen, beweglich bleiben und offen für neue Arbeitsweisen sein. Ausbildern und Trainern kommt eine Schlüsselrolle zu, wenn es darum geht, die

Arbeitskräfte mit den notwendigen Fähigkeiten auszustatten, um sich in dieser neuen Landschaft zurechtzufinden, während politische Entscheidungsträger und Regulierungsbehörden sicherstellen müssen, dass der Übergang zu diesen neuen Arbeitsmodellen reibungslos, fair und integrativ verläuft.

Die Reise dieses Buches endet mit einem Aufruf zum Handeln für alle seine Leser. Nehmen Sie den Wandel an, der vor uns liegt. Seien Sie offen für die Innovationen, die unser Arbeitsumfeld umgestalten. Setzen Sie sich mit den neuen Werkzeugen und Technologien auseinander, nicht als passive Empfänger, sondern als aktive Mitwirkende, die ihren Einsatz zum Wohle der Allgemeinheit gestalten können. In dieser Ära des raschen Wandels werden Ihre Anpassungsfähigkeit, Ihre Kreativität und Ihre ethischen Überlegungen Ihr größtes Kapital sein.

Lassen Sie uns die Zukunft der Arbeit nicht nur beobachten, sondern aktiv mitgestalten. Lassen Sie uns ein Arbeitsumfeld schaffen, das nicht nur effizienter und produktiver, sondern auch integrativer, gerechter und erfüllender für alle Beteiligten ist. Die Zukunft der Arbeit ist kein fernes Konzept - sie findet jetzt statt, und wir können sie gestalten.

Im Geiste der ständigen Weiterentwicklung und des Wachstums laden wir Sie ein, die Erkenntnisse aus diesem Buch in Ihrem beruflichen und persönlichen Leben anzuwenden. Innovieren Sie, arbeiten Sie zusammen und tragen Sie zu einem Arbeitsplatz bei, der für die Herausforderungen von morgen gerüstet ist. Die Zukunft der Arbeit ist eine spannende Reise, die wir gemeinsam antreten.